ファスナーポーチ作りの達人になる！

鈴木ふくえ監修

主婦と生活社

Prologue

あなたの作りたいファスナーポーチはどんなデザインですか?

まちなし?　まち付き?　持ち手付き?　ポケット付き?
それとも、
簡単に作れるもの?　ミシンだけで仕上げられるもの?

本書では、基本的なまちなしのフラットポーチの作り方をマスターしたら、
まち付きやキャラメルポーチ、テトラ型などの発展形、
たっぷり入る別まち付きのポーチや、持ち手がついたバニティポーチまで、
全てプロセス解説でご紹介しています。
徐々に難易度を上げて作品を製作していきますが、
いくつか作っていくうちに、でき上がりの形は違うけど、
作り方は同じだ!　と気づく方もいるかもしれません。
そうなんです。
実はフラットなファスナーポーチの作り方は大きく分けて2種類。
1つは「表と裏を一気に縫う方法」。
表布と裏布でファスナーを挟んで縫います。
もう1つは「表と裏を別仕立てで縫う方法」。
表袋と裏袋を別に作り、裏袋を手縫いでまつりつけます。
この2種類をマスターすれば、さまざまなデザインの仕立てに役立ちます。

一つひとつ違う作り方ではなく、工程や考え方は同じなんだ!　と気づけば、
思い描いた形をポーチにすることも夢じゃない!
自分で使いたい、ジャストサイズのポーチが作れたら、
もっともっと手作りが楽しくなるはず!

あなたの作りたいファスナーポーチのデザインは決まりましたか?

Contents

作りはじめる前に P004
作りたい形が見つかる！ファスナーポーチチャート P008

Part 1 フラットポーチ P010

Part 2 まち付きポーチ P022

Part 3 バニティポーチ P042

Part 4 アレンジいろいろポーチ P048

Part 5 オリジナルの形をデザインしてみよう！ P070

Lesson 1 返し口のとじ方 P014
Lesson 2 立体の縫い方 P037
Lesson 3 ダーツ・タック・ギャザー 見え方の違い P056

方眼用紙 P078
実物大型紙 P081

本書の決まりごと
☆特に記載のない数字の単位は㎝です。
☆材料表記は全て横×縦です。
☆表布には接着芯を貼ります（P6参照）。
☆ファスナーには印をつけておきます（P4参照）。
☆実物大型紙には縫い代が含まれていません。指定の縫い代をつけて布を裁ってください。

作りはじめる前に

本書で使ったファスナーの名称と種類、下準備や基本的な縫い方を覚えておきましょう。
また、ご紹介するポーチの全ての表布には接着芯を貼っています（一部例外あり）。
接着芯の貼り方や型紙の写し方なども参考にしてください。

ファスナーの名称

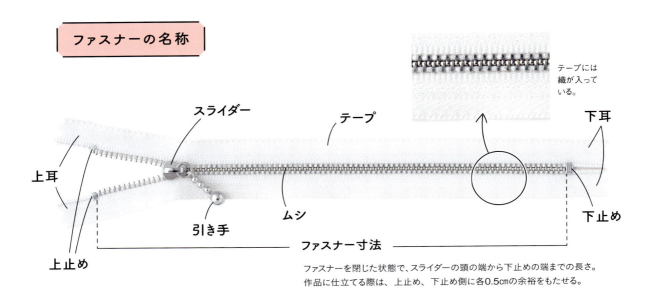

テープには織が入っている。

スライダー / テープ / 下耳 / 上耳 / ムシ / 引き手 / 上止め / 下止め / ファスナー寸法

ファスナーを閉じた状態で、スライダーの頭の端から下止めの端までの長さ。
作品に仕立てる際は、上止め、下止め側に各0.5cmの余裕をもたせる。

ファスナーの下準備

初心者にとってファスナーをまっすぐ縫いつけることは至難の業。
ファスナーの中央と縫いつけ位置の印をつけ、端の始末もしておきましょう。
上級者なら、中央の合い印のみで縫いつけはテープの織を目安にしても OK。

1
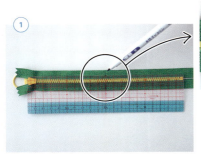

ファスナーの中央に合い印をつける。ファスナーのムシを中心に1.2cmの点を打つ。この1.2cmの部分をポーチの表布に縫いつける。

2
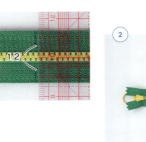

中央

ファスナーのテープに直線を引くのは難しいので、2〜3cm間隔に1.2cm幅の点を打つ。このとき、最初につけた中央の点を目安にテープの織に沿って点をつけていくと印をつけやすい。

側面ファスナーやキャラメルポーチ、別まちやバニティポーチなど、仕立てる際にファスナー端が平面のまま脇を縫いとめる場合はここまでの準備でOK。

ポーチを仕立てる際、ファスナーのムシを中心に二つ折りにして脇を縫う場合はさらにもうひと準備しましょう。

ファスナー端を三角に折って縫いとめる。

ファスナー端の始末の違い

必ずしも端の始末をしないといけないわけではありません。する場合としない場合ではファスナー端の見え方に違いが出てきます。始末をしない場合の形でも問題なし！であれば、始末せずに縫いとめてもかまいません。ただし、あとから裏袋をまつる仕立て方の場合は、端の始末をしておいたほうがまつりやすいです。

ファスナーの種類

ファスナーの種類によって作品の印象が変わります。素材やデザインもさまざまあり、作品に合わせて選びましょう。ここでは、本書で主に使用しているファスナーをご紹介します。

金属ファスナー
ムシに金属を使用したファスナー。

樹脂ファスナー
ムシが樹脂製のファスナー。ハサミでカットして長さ調節もできる。作りたい作品にぴったりな長さが手に入らなかったら、少し長めを使って縫いつけたあとにカットすることも可能。

最近は引き手やテープの
デザインもバリエーション豊富

レースファスナー
テープ部分がレースになっていて、見せファスナーに最適。

金属でも樹脂製でも、引き手の形や、テープの素材、色など豊富にそろう。作品に使う布の色やテイストに合わせてファスナーを選んで。

両開きファスナー
スライダーが向かい合わせに2個ついている。両端の下止めまでそれぞれ下げることができる。

ファスナーの縫い方

ファスナーを縫う際はファスナーのスライダーを動かしながら、ミシンの押さえに当たらないようにして縫いつけます。

【 片押さえ 】

押さえ部分が片側のみなので、ファスナーのムシに押さえが当たらず、ファスナーつけに便利な押さえ。

① 押さえを片押さえに替え、ファスナーを縫いつけていく。

② スライダーの手前まできたら押さえを上げて布をくるっと回転させる。

③ スライダーを引く。

④ 布を元に戻し、残りのファスナーを縫いとめる。

NG 布を回転させずにスライダーを移動させようとすると押さえにスライダーが当たって引っかかってしまい、動かしづらい。

接着芯の貼り方

本書では普通地用の接着芯を使用。
ギャザーのポーチ以外は全ての表布の裏に接着芯を貼っています。

① 表布の裏に接着芯ののり面を合わせて重ねる。

（必ず当て布をしましょう）

② 接着芯の上に当て布をし、アイロンをプレスするように当てる。

（滑らさずしっかり押さえる）

③ アイロンは滑らさず少しずつずらしながら当てていく。

④ しっかりと貼れたら必要サイズにカットする。

型紙の準備

各ページに掲載の型紙はハトロン紙などに写してお使いください。

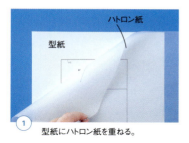
① 型紙にハトロン紙を重ねる。

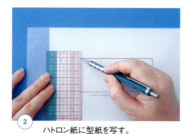
② ハトロン紙に型紙を写す。

③ 半分の型紙が完成。

> 半分の型紙で充分なら、ここで線に沿ってカットする。型紙に記載されている縫い代や合い印なども書き込んでおく。

【 全体の型紙にしたいなら 】

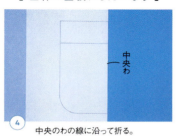
④ 中央のわの線に沿って折る。

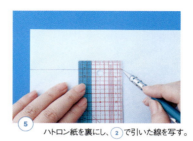
⑤ ハトロン紙を裏にし、②で引いた線を写す。

⑥ 写した型紙を開いて型紙に記載されている縫い代や合い印などを書き込む。

【 量産するなら厚紙がおすすめ 】

⑦ 写した線に沿ってカットする。これで型紙の完成。中央には必ず合い印を入れる。

> 半分の型紙でも作れますが、線が曲がってしまうこともあるので、ポーチくらいのサイズなら全体の型紙を用意しておくと印つけもラクです。

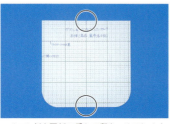
ハトロン紙を厚紙に重ねて印をつけてカットする。いくつも同じ型紙を使って製作するなら、角がよれない厚紙で作っておくと印つけもはかどる。中央には必ず合い印を入れる。

カーブの多い型紙の場合は、中央以外にも合い印を増やしておくと縫い合わせる際にずれを防げる。同じ距離の合い印を縫い合わせる相手側にもつけておくことを忘れずに!

> ☆直線のみの型紙は基本寸法図で表記しています。
> それぞれの作り方ページの寸法図を参考に布に印をつけてください。
> 一部、カーブと縫い合わせるパーツなど実物大型紙に
> 掲載しているものもあります。

作りたい作品が見つかる！ファスナーポーチチャート

基本のスクエアのフラットを中心に、デザインや容量、難易度で表しています。

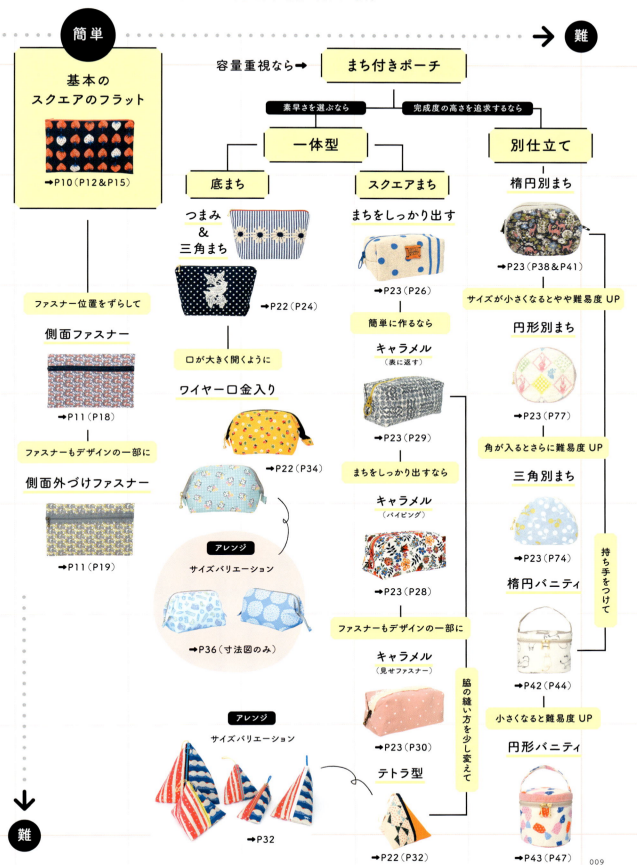

フラットポーチ

いちばん作りやすいぺたんこのファスナーポーチ。基本的な作り方は2種類です。
この考え方さえマスターしておけば、形やサイズが違ってもほぼ応用可能。
ポケットやはぎ合わせを入れる場合も仕立ての順番は同じです。

Pouch: 01 基本のスクエアのフラットポーチ

ラウンドのフラットポーチ **Pouch: 02**

スクエアとラウンドのフラットポーチ

基本中の基本の01スクエアのフラットポーチと、その底に
カーブをつけた02ラウンドのポーチ。スクエアポーチは底
を「わ」で製作。基本的な2種類の作り方で解説しています。
ラウンドポーチのように布に上下がある場合や、カーブの
ある場合は底を縫い合わせる作り方がいいでしょう。

| How to make |

01…12&15ページ
02…16ページ

でき上がり：各約縦13×横21㎝

（左上）ファスナーを側面にずらした側面ファスナーポーチは、**01**のポーチと途中まで同様に製作し、脇縫いの際にひと工夫。（左下）ファスナーもデザインの一部として見せるならレースファスナーを使って。（右上）**02**のポーチにポケットをプラス。パーツが増えてもそれぞれ作って表布に重ねておけば手順は同じで製作可能。（右下）**02**のポーチにはぎ合わせをプラス。

| **How to make** |

03…18ページ
04…19ページ
05…20ページ
06…17ページ
でき上がり：各約縦13×横21cm

Part 1 フラットポーチ　011

スクエアのフラットポーチ 〔P010〕

表と裏を一気に縫う方法（底わ）

*表と裏を別仕立てで作りたいなら➡P15へ

材料
表布25×30cm、裏布25×30cm、接着芯25×30cm、20cmファスナー1本

*表布の裏に接着芯を貼っておく

【寸法図】＊縫い代1cmつける

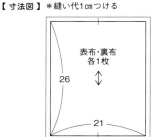

表布・裏布 各1枚
26
21

【 ファスナーをつけます 】

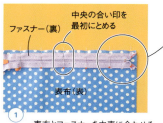
① 表布とファスナーを中表に合わせる。中央の合い印を合わせてまち針でとめる。

② 縫い代を仮どめする。

③ 裏布を表布と中表に重ねてまち針でとめる。

④ でき上がり線を縫う。

⑤ 裏布を開いてファスナーを反対側の口側に合わせる。

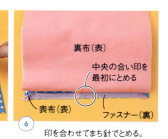
⑥ 印を合わせてまち針でとめる。

【 両脇を縫います 】

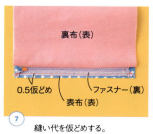
⑦ 縫い代を仮どめする。

⑧ 裏布を中表に重ねてまち針でとめる。

⑨ でき上がり線を縫う。

① そのまま裏布を下に開く。

| How to make |

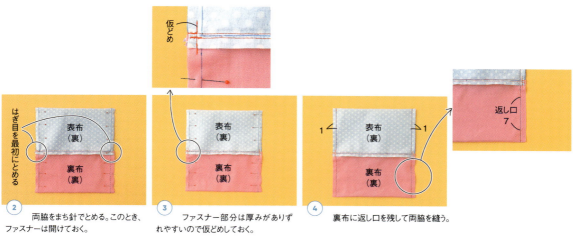

| How to make |

Lesson 1

返し口のとじ方

返し口をとじる方法は主に2通り。手縫いでコの字とじなら縫い目が目立たず、ミシンで縫いとめるならあっという間に終了します。見た目と時間、どちらを優先するかで方法を選びましょう。

●手縫いでとじる方法　*縫い目を見せたくない！ という場合におすすめ

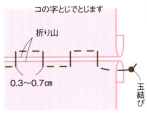
折り山同士をすくって縫い合わせる方法。

① 縫い代の内側から針を入れて折り山に出す。

② 折り山をすくいながら縫い進む。

③ 返し口の端まできたら糸を軽く引く。

④ 布がつれた部分を指でならしてまっすぐにする。

⑤ 玉どめをする。

このときあまり大きな玉どめにしないのがポイント！

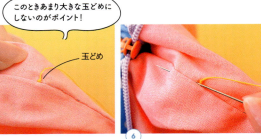
⑥ 玉どめの近くに針を刺し、縫い代に針を通しながら少し先に針を出す。

強く引っぱると糸が切れることもあるので要注意！

⑦ 玉どめが布に隠れるよう、軽く糸を引く。

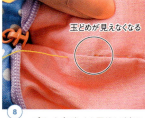
⑧ プチッと音がしたら玉どめが布の中に収まった合図。

⑨ 糸を少し引きながらカットする。

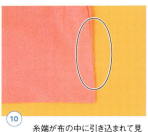
⑩ 糸端が布の中に引き込まれて見えなくなる。

●ミシンでとじる方法　*とにかく早く仕上げたい！ という場合におすすめ

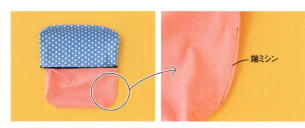
折り山を合わせて端ミシン。

| How to make |

スクエアのフラットポーチ〔P010〕
表と裏を別仕立てで縫う方法（底わ）
ファスナー口にステッチを入れられます

*手でまつるのはイヤ！
なら→P12へ

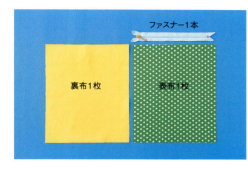

材料

表布25×30cm、裏布25×30cm、接着芯25×30cm、20cmファスナー1本

*表布の裏に接着芯を貼っておく

【寸法図】 *縫い代1cmつける

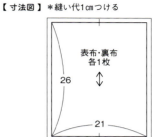

【 表袋を作ります 】

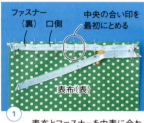

1. 表布とファスナーを中表に合わせる。中央の合い印を合わせてまち針でとめる。

2. でき上がり線を縫う。

3. ファスナーを表に返してステッチをかける。

4. 反対側も同様にファスナーと表布を中表に縫い、表に返してステッチをかける。

【 裏袋を作ります 】

【 まとめます 】

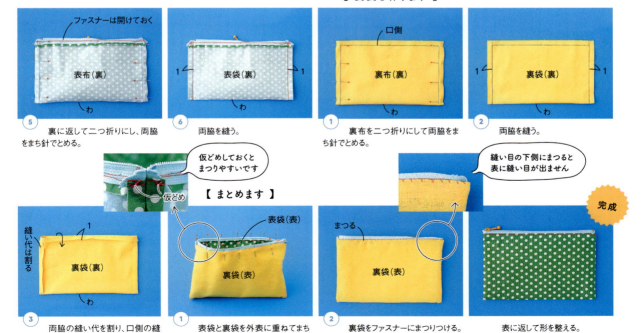

Part 1 フラットポーチ 015

| How to make |

ラウンドのフラットポーチ〔P010〕
表と裏を一気に縫う方法（底はぎ）

* 底がカーブの場合
* 布が一方向の場合におすすめ

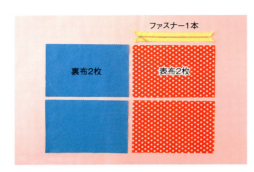

材料

表布50×20cm、裏布50×20cm、接着芯50×20cm、20cmファスナー1本

＊表布の裏に接着芯を貼っておく

実物大型紙は81ページ

【 ファスナーをつけます 】

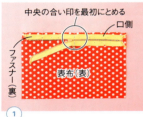

① 表布1枚にファスナーを中表に合わせる。中央の合い印を合わせてまち針でとめる。

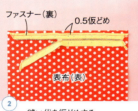

② 縫い代を仮どめする。

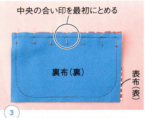

③ 裏布を表布と中表に重ねてまち針でとめる。ファスナーは開けておく。

④ でき上がり線を縫う。

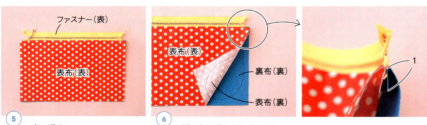

⑤ 表に返す。

⑥ 折り山に爪アイロンをかける。

⑦ 反対側も①〜⑥と同様にファスナーに表布と裏布を縫いつける。

【 両脇・底を縫います 】

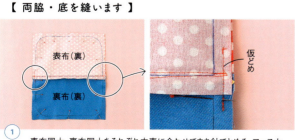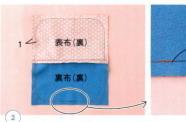

① 表布同士、裏布同士をそれぞれ中表に合わせてまち針でとめる。ファスナー部分に仮どめをする。

② 裏布に返し口を残してぐるりと1周縫う。

| How to make |

【 表に返します 】

① 返し口から表に返す。

②

④ カーブ部分に切り込みを入れる。

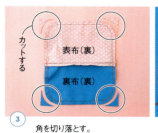
③ 角を切り落とす。

② カーブ部分は内側から指でなぞってカーブを出す。

返し口をまつり、裏布を表布の中に入れ、形を整える。

はぎ合わせ入りラウンドのポーチ〔P011〕

P10の**02**ラウンドのフラットポーチにはぎ合わせをプラス。口にステッチを入れるため、作り方はP15の「表と裏を別仕立てで縫う方法」で底はぎにアレンジしました。

表と裏を別仕立てで縫う方法（底はぎ）

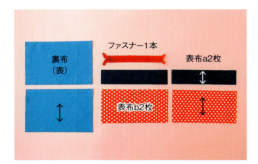

材料
表布a25×15cm、表布b25cm四方、裏布50×20cm、接着芯50×20cm、20cmファスナー1本

＊表布の裏に接着芯を貼っておく

実物大型紙は81ページ

P15「表と裏を別仕立てで縫う方法」を参考にして製作してください。底はぎにする場合、違うのは写真の部分です。

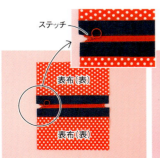
表布a・bを縫い合わせてステッチをかけ、ファスナーをつけて口にステッチをかける（P15【表袋を作ります】①〜④参照）。ファスナーをつけると底がわではないので写真のようになる。

表布を二つ折りにして両脇と一緒に底までぐるりと縫い、表袋を作る。

裏布も2枚を中表に合わせて両脇と底を縫い、裏袋を作る。

それぞれ角を切り落として切り込みを入れ、表袋に裏袋をまつれば完成（P15【まとめます】参照）。

| How to make |

 側面ファスナーのポーチ〔P011〕

＊表裏一気縫いの脇縫いアレンジ

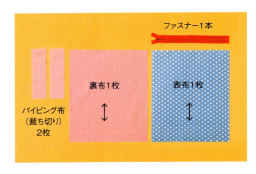

材料
表布25×30cm、裏布・パイピング布30cm四方、接着芯25×30cm、20cmファスナー1本

＊表布の裏に接着芯を貼っておく

【寸法図】 ＊指定以外は縫い代1cmつける

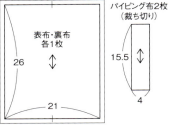

【 ファスナーをつけます 】

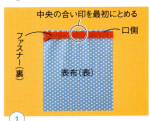

① 表布とファスナーを中表に合わせる。中央の合い印を合わせてまち針でとめる。

② P12【ファスナーをつけます】を参照してファスナーをつける。

③ 表に返す。ファスナーつけ側の縫い代に爪アイロンをかける。

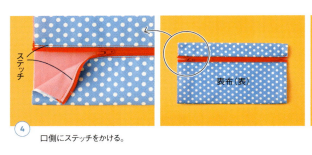

④ 口側にステッチをかける。

【 両脇を始末します 】

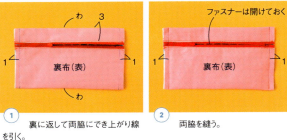

① 裏に返して両脇にでき上がり線を引く。

② 両脇を縫う。

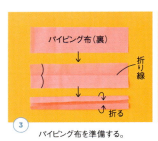

③ パイピング布を準備する。

④ パイピング布の折り線を②の縫い目に重ねてまち針でとめ、折り線の上を縫う。

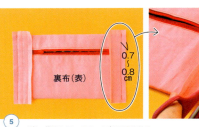

⑤ 縫い代を0.7～0.8cmに切りそろえる。

| How to make |

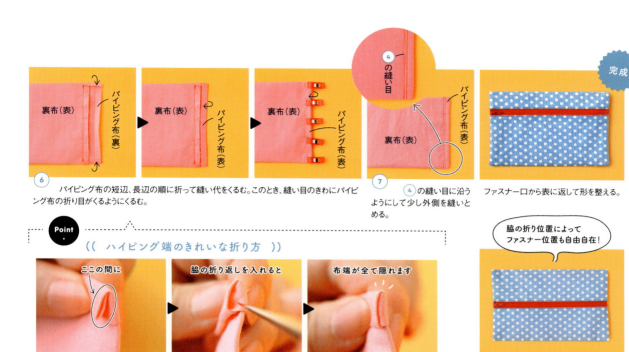

⑥ パイピング布の短辺、長辺の順に折って縫い代をくるむ。このとき、縫い目のきわにパイピング布の折り目がくるようにくるむ。

⑦ ④の縫い目に沿うようにして少し外側を縫いとめる。

ファスナー口から表に返して形を整える。

脇の折り位置によってファスナー位置も自由自在！

Point ((パイピング端のきれいな折り方))

How to make Pouch: 04 側面外づけファスナーのポーチ 〔P011〕

＊側面ファスナーの見せファスナーバージョン

材料
表布25×30cm、裏布・パイピング布30cm四方、接着芯25×30cm、20cmレースファスナー1本

＊表布の裏に接着芯を貼っておく

【寸法図】 ＊指定以外は縫い代1cmつける

表布・裏布 各1枚 26 / 21

パイピング布2枚（裁ち切り） 15.5 / 4

【 表布と裏布を縫い合わせます 】

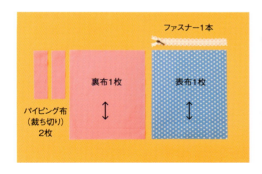
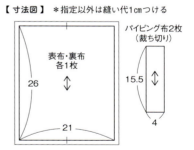

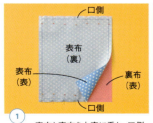
① 表布と裏布を中表に重ね、口側をまち針でとめる。

② でき上がり線を縫う。

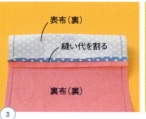
③ 縫い代を割る。

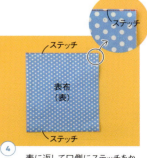
④ 表に返して口側にステッチをかける。

Part 1 フラットポーチ 019

| How to make |

【 ファスナーをつけます 】

1. ファスナーを口側に重ねてクリップでとめる(まち針でとめてもOK)。
2. ファスナーを縫いとめる。口側のステッチに重ねるように縫うときれい。
3. 反対側も同様にファスナーをクリップでとめる。

【 両脇を始末します 】

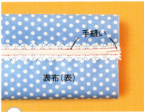

完成

4. ミシンで縫える所までファスナーを縫いとめる。
5. 残りは手縫いで縫いとめる。
6. P18【両脇を始末します】を参照して両脇をパイピングする。ファスナーは開けておく。
7. ファスナー口から表に返して形を整える。

  Pouch: 05 **ポケット付きラウンドのポーチ** 〔P011〕

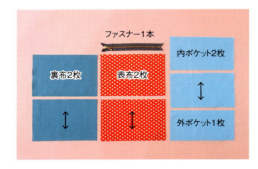

材料

表布50×20cm、裏布50×20cm、ポケット布50×25cm　接着芯50×45cm、20cmファスナー1本

＊表布とポケット布の裏に接着芯を貼っておく

実物大型紙は81ページ

＊表布・裏布にポケットをつけておけば作り方はP16と同じです。

【 ポケットをつけます 】

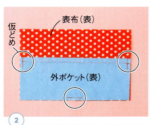

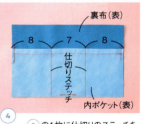

1. ポケット口を三つ折りしてステッチをかける。外ポケット1枚、内ポケット2枚作る。
2. 表布1枚に外ポケットを仮どめする。
3. 裏布に内ポケットを仮どめする。2枚作る。
4. 3の1枚に仕切りのステッチをかける。

How to make

【 ファスナーをつけます 】 ＊ポケットがついているだけで作り方はP16〜の作り方と同じです

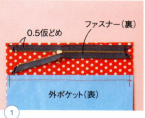

① 外ポケットをつけた表布にファスナーを中表に合わせて仮どめする。

② ①に裏布（仕切りがないほう）を中表に重ねてまち針でとめ、でき上がり線を縫う。

③ 表に返して折り山に爪アイロンをかける。

④ 反対側も同様にファスナーと表布を中表に重ねて仮どめする。

【 両脇・底を縫います 】

⑤ 裏布を中表に重ねてまち針でとめる。

⑥ でき上がり線を縫う。

① 表布同士、裏布同士をそれぞれ中表に合わせてまち針でとめる。両脇のファスナー部分に仮どめをする。

② 裏布に返し口を残してぐるりと1周縫う。

③ 角を切り落とす。

④ カーブ部分に切り込みを入れる。

表に返して返し口をとじ、形を整える。

完成

ここまでのファスナーのつけ方、ポーチの仕立て方をマスターすれば、フラットなポーチなら形やサイズが変わってもほぼ製作可能です。

基本的には「表布と裏布でファスナーを挟んで縫う」か、
「ファスナーをつけた表袋と裏袋を別々に仕立てる」かの違いのみ。
はぎ合わせを入れたいなら、表布の寸法になるように布をはぎ合わせて
1枚にしておけばOK。ポケットを追加したいなら、
ポケットをつけたい場所（表布や裏布）に重ねておけばいいだけです。

まち付きポーチ

Part 2

まち付きと言っても、底だけにまちがついているタイプがあれば、キャラメルポーチのようにスクエアまちのタイプ、さらには別に仕立てる別まちタイプもあります。ここではこの3タイプと、さらにワイヤー口金入りとテトラ型もマスターしましょう。

Pouch: 13 テトラ型
Pouch: 14
Pouch: 15 ワイヤー口金入り
Pouch: 07 三角まち
Pouch: 08 つまみまち

底まちタイプのポーチ

Part1の01フラットポーチをアレンジして。07、08、13は途中まで同じ作り方。14、15はワイヤー口金を通すため、脇にあきを作ります。底まちの作り方によって仕上がりやデザインが違うので、好きなタイプを見つけてください。

| How to make
07・08…24ページ
13…32ページ
14・15…34ページ
でき上がり：
07・08…各約縦13×横15cm、まち幅約6cm
13…約縦18×横21cm、まち幅約21cm
14・15…各約縦10×横11cm、まち幅約5cm

（左）各辺をファスナーと同じ長さにすると正三角錐に。（中・右）口側にワイヤー口金が入っているので、ファスナーを開いたまま自立する。正面から見るとファスナー端がうさみみのよう。

スクエアまちと別まちのポーチ

こちらのポーチも09〜12は01フラットポーチのアレンジです。脇縫いの際にファスナー位置をずらし、脇を折り込んで縫えば四角いまちのでき上がり！ 16〜18は側面にファスナー付きのまちがついた別まちポーチ。側面の形や大きさによってまち幅のバランスを調整しましょう。

（上3点）丸、三角、楕円と形は違っても使っているパーツは全て同じ。側面の型紙の作り方やまちのサイズの出し方はP74〜をごらんください。（左下）パイピング仕上げだと形がかっちり、（右下）表に返す方法だとやわらかい印象に仕上がる。

How to make
09…26ページ
10…28ページ
11…29ページ
12…30ページ
16…38&41ページ
17…77ページ
18…74ページ

でき上がり：
09〜12…各約縦7×横13cm、まち幅約7cm
16…約縦11.5×横15cm、まち幅約7cm
17…約直径13cm、まち幅約5cm
18…約縦11×横14cm、まち幅約4cm

Part 2　まち付きポーチ　023

How to make 07・08 つまみまちと三角まちのポーチ〔P022〕

いちばん簡単なまちのつけ方

つまみまち　まちの角がしっかり出る

＊まちの形の違いは、脇縫いの違い。好みの形や自分にとって縫いやすい方法でデザインを選びましょう。

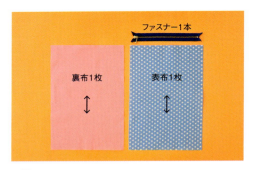

材料：表布25×35cm、裏布25×35cm、接着芯25×35cm、20cmファスナー1本

＊表布の裏に接着芯を貼っておく

三角まち　まちが三角に外側に出る

【寸法図】＊縫い代1cmつける

表布・裏布 各1枚
32
21

底の折り方を変えると違う形になります

袋まち　内側にまちが入る

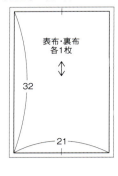

P12【ファスナーをつけます】を参照してファスナーをつける。

| How to make |

つまみまち

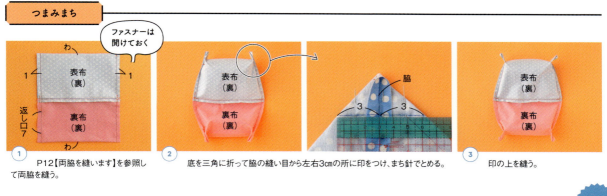

1. P12【両脇を縫います】を参照して両脇を縫う。
2. 底を三角に折って脇の縫い目から左右3cmの所に印をつけ、まち針でとめる。
3. 印の上を縫う。
4. 余分な縫い代をカットする。
5. 4か所全てカットする。

返し口から表に返し、返し口をとじて形を整える。

三角まち

P12【両脇を縫います】を参照して両脇を縫う。その際、底のまち部分を写真のように折り込む。

返し口から表に返し、返し口をとじて形を整える。

袋まち

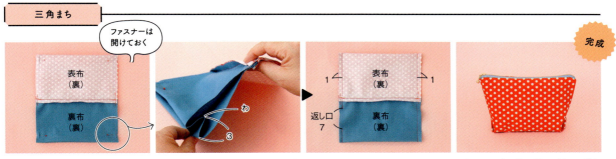

P12【両脇を縫います】を参照して両脇を縫う。その際、底のまち部分を写真のように折る。

返し口から表に返し、返し口をとじて形を整える。

Part 2 まち付きポーチ

How to make

Pouch: 09・10・11・12 スクエアまちのポーチ 〔P023〕

デザイン、仕上がり、手順、どれを優先するかで作り方が変わります

09

まちの角がしっかり出る

10

キャラメルタイプ
パイピング仕上げ

11

キャラメルタイプ
表に返す方法

12

キャラメルタイプ
見せファスナー

Pouch: 09 スクエアまちのポーチ まちの角がしっかり出る作り方 〔P023〕

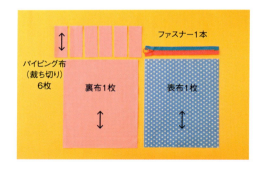

材料
表布25×30cm、裏布・パイピング布25×40cm、接着芯25×30cm、20cmファスナー1本

＊表布の裏に接着芯を貼っておく

【寸法図】 ＊指定以外は縫い代1cmつける

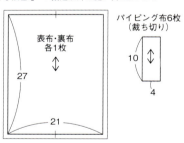

表布・裏布 各1枚
27
21

パイピング布6枚
（裁ち切り）
10
4

【 ファスナーをつけます 】

表布（表）
ステッチ

P18【ファスナーをつけます】を参照してファスナーをつけ、口側にステッチをかける。

【 まちを縫います 】

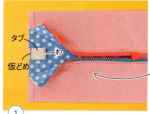

タブ
わ
仮どめ

1
1

裏布（表）

① 両脇の表布中央に二つ折りにしたタブを仮どめする。裏に返してファスナーを中央にし、両脇にでき上がり線を引く。

パイピング布（裏）
折り線
折る

② パイピング布を準備する。

| How to make |

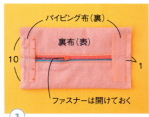

③ ①の印とパイピング布の折り線を合わせ、脇の中央に縫いつける。縫い代を0.7〜0.8cmに切りそろえる。

④ パイピング布で縫い代をくるんでクリップでとめる。

⑤ 両脇ともくるんで縫う。

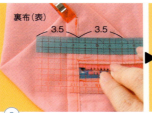

⑥ ⑤を開いて脇とパイピングのラインを合わせて折る。

⑦ パイピングのきわを中心に左右3.5cmの所に印をつける。クリップでとめ、印を縫う。

⑧ パイピング布の折り線を⑦の縫い目に合わせてまち針でとめる。

⑨ 折り線の上を縫い、余分な縫い代をカットする。

⑩ パイピング布を表に返し、両脇の余分な縫い代をカットする。

⑪ パイピング布で縫い代をくるんでクリップでとめる。パイピング布は短辺、長辺の順に折る。

完成

⑫ ⑨の縫い目より外側を縫いとめる。

⑬ 残りの4辺も同様にパイピングする。

ファスナー口から表に返して形を整える。

| How to make |

Pouch: 10 スクエアまちのポーチ キャラメルタイプ パイピング仕上げの作り方 〔P023〕

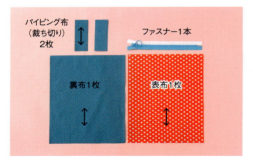

材料

表布25×30cm、裏布・パイピング布30cm四方、接着芯25×30cm、20cmファスナー1本

＊表布の裏に接着芯を貼っておく

【寸法図】 ＊指定以外は縫い代1cmつける

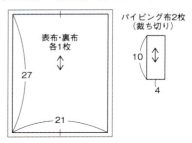

【 ファスナーをつけます 】

P18【ファスナーをつけます】を参照してファスナーをつける。

【 まちを縫います 】

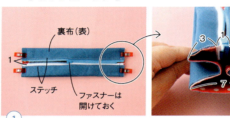

① ファスナー口にステッチをかける。裏に返してファスナーを中央にし、まちを折ってクリップでとめる。両脇にでき上がり線を引く。

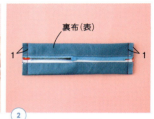

② でき上がり線を縫う。

③ P18【両脇を始末します】を参照してパイピング布を準備し、両脇をパイピングする。

完成

ファスナー口から表に返して形を整える。

| How to make |

スクエアまちのポーチ
キャラメルタイプ表に返す方法の作り方 〔P023〕

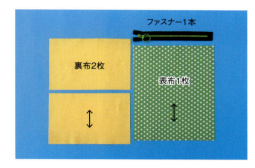

材料

表布25×30cm、裏布25×35cm、接着芯25×30cm、20cmファスナー1本

＊表布の裏に接着芯を貼っておく

【寸法図】 ＊縫い代1cmつける

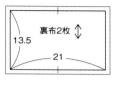
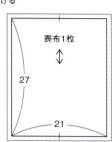

【 裏布を縫います 】

① 裏布2枚を中表に重ね、返し口を残して縫う。

② ①を開いて縫い代を割っておく。

【 ファスナーをつけます 】

P18【ファスナーをつけます】を参照してファスナーをつける。

【 まちを縫います 】

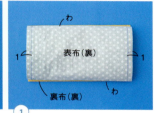

① ファスナー口にステッチをかける。表布、裏布をそれぞれ裏に返してファスナーを中央にし、両脇にでき上がり線を引く。

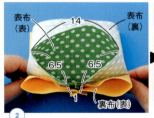
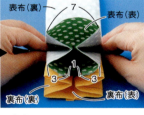

② 表布、裏布それぞれまちを折ってクリップでとめる。

③ 両脇のでき上がり線を縫う。

【 表に返します 】

返し口から表に返す。

ファスナー口から表に返して形を整える。

完成

Part 2 まち付きポーチ　029

| How to make |

スクエアまちのポーチ
キャラメルタイプ見せファスナーの作り方 〔P023〕

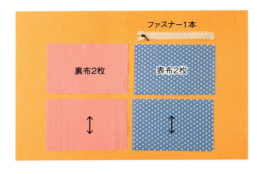

材料

表布25×35cm、裏布25×35cm、接着芯25×35cm、20cmレースファスナー1本

＊表布の裏に接着芯を貼っておく

【寸法図】 ＊縫い代1cmつける

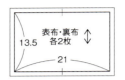

13.5 × 21　表布・裏布各2枚

【 ファスナーをつけます 】

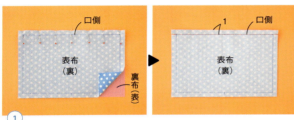

① 表布と裏布を中表に重ねて口側をまち針でとめ、でき上がり線を縫う。

② 表に返して口側にステッチをかける。2枚作る。

③ ファスナーを口側に重ねてまち針でとめる。つけ位置はP20【ファスナーをつけます】を参照。

【 底を縫います 】

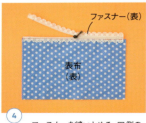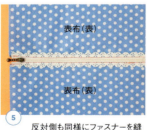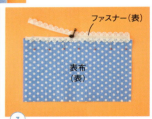

④ ファスナーを縫いとめる。口側のステッチに重ねるように縫うときれい。

⑤ 反対側も同様にファスナーを縫いとめる。

表布、裏布それぞれを中表に合わせる。底中央をまち針でとめ、裏布に返し口を残して縫う。

【 まちを縫います 】

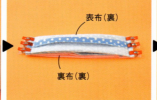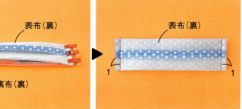

横から見るとこんな感じ。

P29【まちを縫います】を参照して両脇を折って縫う。

How to make

【 表に返します 】

返し口から表に返す。

返し口をとじて形を整える。

『スクエアまちのポーチ』用尺を出す際の注意点

スクエアのまちが7cm四方の場合、7×4辺で表布の縦の長さを28cmとしがちです。
実際はファスナーが表に出る幅分1cmがあるため、4辺全体の長さ28cmから
ファスナー分1cmを引いた27cmが表布の縦の長さになります。
好みのサイズで作る際には、「まち幅×4－1cm」の長さで製作してください。

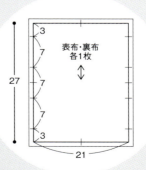

Part 2 まち付きポーチ 031

| How to make |

  ## テトラ型のポーチ 〔P022〕

P29の**11**キャラメルタイプ表に返す方法の
まち縫いを変えるとテトラ型にできます

テトラ型と言っても、サイズによって見た目がかなり変化します。プロセスでは大縦長サイズをご紹介。P22掲載の作品は大サイズです。それぞれ下記の寸法で製作できますので、好みのサイズを見つけてください。ファスナーの長さと布サイズが違うだけで、作り方工程は全て同じです。

大・20cmファスナー
＊縫い代1cmつける

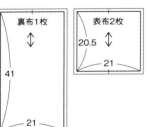

中・15cmファスナー
＊縫い代1cmつける

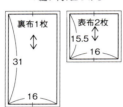

小・12cmファスナー
＊縫い代1cmつける

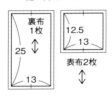

小縦長・15cmファスナー
＊縫い代1cmつける

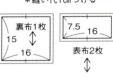

材料

表布2種各25×20cm、裏布25×30cm、接着芯25×35cm、20cmファスナー1本、1.5cm幅綿テープ10cm

＊表布の裏に接着芯を貼っておく

【 寸法図 】＊縫い代1cmつける

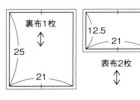

【 ファスナーをつけます 】

① 表布とファスナーを中表に合わせる。中央の合い印を合わせてまち針でとめる。

② 縫い代を仮どめする。

③ 裏布を表布と中表に重ねてまち針でとめる。

④ でき上がり線を縫う。

| How to make |

⑤ 表に返して折り山に爪アイロンをかける。

⑥ 反対側も同様にファスナーと表布を中表に重ねて仮どめする。

⑦ 裏布を中表に重ねてまち針でとめる。

【 脇を縫います 】

⑧ でき上がり線を縫う。

⑨ 表布同士を中表に合わせ、底を縫う。

① 表布、裏布をそれぞれ中表にし、写真のように折る。

② ファスナー下止め側をまち針でとめる。

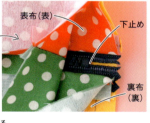

③ でき上がり線を縫う。

④ ファスナー上止め側の表布にテープを二つ折りにして仮どめする。

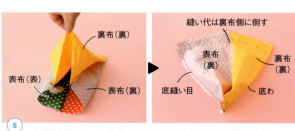

⑤ 上止め側の脇を開き、表布、裏布をそれぞれ中表にしてまち針でとめる。

⑥ 裏布に返し口を残し、でき上がり線を縫う。

完成
返し口から表に返して返し口をまつり、形を整える。

Part 2 まち付きポーチ 033

How to make

Pouch: 14・15 ワイヤー口金入りポーチ〔P022〕

口が大きく開いた状態をキープできるポーチ

材料

表布・端布20×35cm、裏布20×30cm、接着芯20×30cm、20cmファスナー1本、10cm幅×高さ3cmワイヤー口金2本

＊表布の裏に接着芯を貼っておく

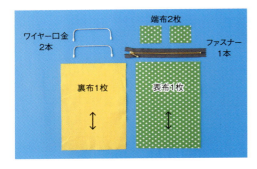

【寸法図】 ＊縫い代1cmつける

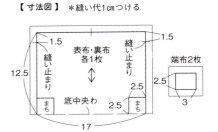

【 ファスナーをつけます 】

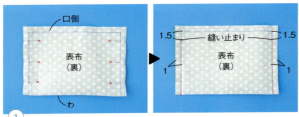

① 表布を中表に二つ折りにし、両脇を縫い止まりまで縫う。

② 表に返し、ファスナーを中表に重ねてまち針でとめる。

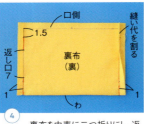

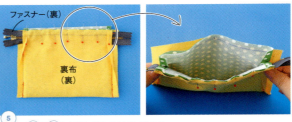

③ 縫い代を仮どめする。

④ 裏布を中表に二つ折りにし、返し口を残して両脇を縫い止まりまで縫う。

⑤ ③と④を中表に重ねてまち針でとめる。

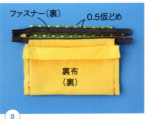

⑥ でき上がり線を縫う。

⑦ 表布を引き出して裏に返しておく。

⑧ 反対側も②〜⑥と同様に縫う。表布とファスナーを中表に重ねてまち針でとめ、縫い代を仮どめする。

⑨ 裏布を中表に重ねてまち針でとめる。

| How to make |

⑩ でき上がり線を縫う。

【 まちを縫います 】

① 脇の縫い目と底を合わせて三角に折り、まち幅5cmで縫う。

② 4か所全てまちを縫ったら、余分な縫い代をカットする。

③ 表に返して形を整える。

【 ワイヤー口金通しを縫います 】

口側にステッチと、1.5cmの所を縫う。反対側も同様に縫う。

【 ファスナー端を始末します 】

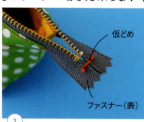
① ファスナー端を突き合わせて仮どめする。

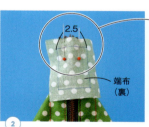
② 端布の短辺をファスナーと中表に重ねてまち針でとめる。

③ 印から印まで縫う。

④ 矢印の順番に縫い代を折り、最後に☆部分を縫い代の中に折り込んでまち針でとめる。

あえてずらして縫えばデザインに！
⑤ ぐるりと2周ミシンで縫いとめる。

| How to make |

【 ワイヤー口金を通します 】

意外とスルスル入ります

① 通し口からワイヤー口金を通す。

完 成

② 通し口を縫いとめる。　　反対側も同様にワイヤー口金を通し、通し口を縫いとめる。

サイズの違うワイヤー口金でも作ってみました♪

布の横幅はワイヤー口金の全長に1cmの余裕をつけます。
まち幅は「ワイヤー口金の高さ×2」前後にしておくと、
がばっと口を開けたときのバランスがいいです。

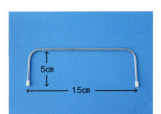

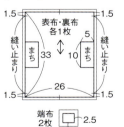
5cm / 15cm

【 寸法図 】 ＊縫い代1cmつける

1.5　1.5
表布・裏布 各1枚
縫い止まり　まち 33　5 / 10　まち　縫い止まり
1.5　26　1.5

端布 2枚　2.5 / 3

☆30cmファスナー使用

P22の作品よりひとまわり大きいサイズのワイヤー口金を使って。口を大きく開けたまま自立するので、中身を取り出しやすく便利。

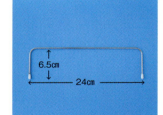
6.5cm / 24cm

【 寸法図 】 ＊縫い代1cmつける

1.5　1.5
表布・裏布 各1枚
縫い止まり　まち 48　7.5 / 15　まち　縫い止まり
1.5　38　1.5

端布 2枚　2.5 / 3

☆50cmファスナー使用

ビッグサイズのワイヤー口金のポーチは、旅行時の仕分け用としても重宝しそう。持ち手をつければボストンバッグに早変わり!

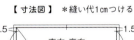
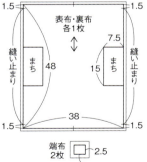

Lesson 2

立体の縫い方

P38の**16**楕円の別まちポーチのように側面とまちなど立体的な部分を縫う際のコツは2つ

①<u>直線のパーツに切り込みを入れながらまち針でとめる</u>
　縫ってから切り込みを入れるのではなく、まち針でとめながら切り込みを入れます。

②<u>直線のパーツを上にして縫う</u>
　カーブのあるほうを下にして、直線を見ながら縫い進みます。

P38の**16**楕円の別まちポーチで解説

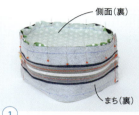

① まちと側面の合い印を合わせてまち針でとめる。

② 側面に切り込みを入れながら合い印と合い印の間をまち針でとめる。切り込みの間隔は約1cm、深さは約5～6mm。カーブがきつい場合は間隔を狭くするとよい。

※切り込みはあまり深く入れすぎないよう注意！

③ まちの印を見ながら縫う。

④ 布がつれないように注意しながら縫い進む。カーブ部分は目打ちを使って布を送ると縫いやすい。

⑤ 側面とまちを縫い合わせたところ。

立体的に縫い合わせる場合は全て同じです

別まちポーチはどれもまちを上にして側面と縫い合わせます。
バニティポーチは側面が直線になるので、側面を上にしてふたや底と縫い合わせます。

＊どうしても不安な場合は、印の1～2mm外側にしつけをかけるといいでしょう。

16 楕円の別まちポーチ
作り方はP38

17 円形の別まちポーチ
材料と寸法図はP77

18 三角の別まちポーチ
作り方はP74

19 楕円のバニティポーチ
作り方はP44

20 円形のバニティポーチ
作り方はP47

| How to make |

楕円の別まちポーチ〔P023〕

まちと側面を別仕立てにし、パイピングで仕上げる方法

17 円形の別まちポーチ、**18** 三角の別まちポーチも作り方は同じです。
こちらの作り方を参考に製作してください。

＊縫い目は出したくない！
なら→P41へ

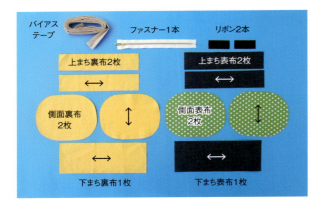

【寸法図】　＊指定以外は縫い代1cmつける

実物大型紙は83ページ

材料・側面表布20×30cm、まち表布20×30cm、裏布40×30cm、
接着芯40×30cm、20cmファスナー1本、2.5cm幅リボン15cm、
2cm幅両折りバイアステープ1m

＊表布の裏に接着芯を貼っておく

【 まちを作ります 】

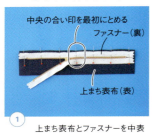 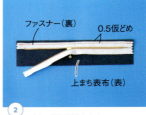  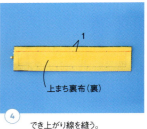

1 上まち表布とファスナーを中表に合わせてまち針でとめる。

2 縫い代を仮どめする。

3 上まち裏布を中表に重ねてまち針でとめる。

4 でき上がり線を縫う。

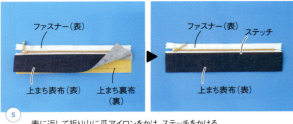 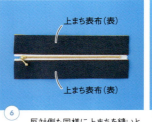 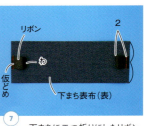

5 表に返して折り山に爪アイロンをかけ、ステッチをかける。

6 反対側も同様に上まちを縫いとめる。

7 下まちに二つ折りにしたリボン（各6cm）を仮どめする。

038

| How to make |

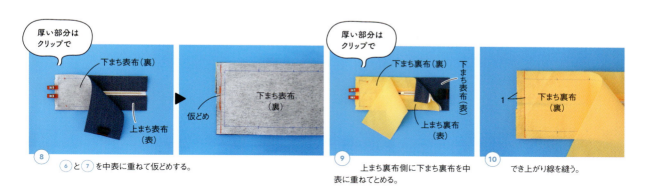

⑧ ⑥と⑦を中表に重ねて仮どめする。
⑨ 上まち裏布側に下まち裏布を中表に重ねてとめる。
⑩ でき上がり線を縫う。

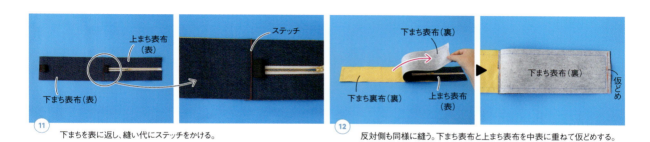

⑪ 下まちを表に返し、縫い代にステッチをかける。
⑫ 反対側も同様に縫う。下まち表布と上まち表布を中表に重ねて仮どめする。

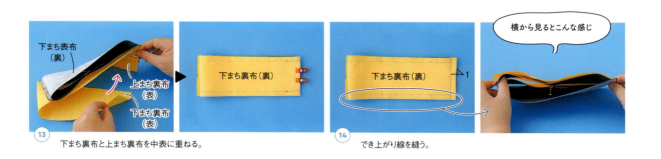

⑬ 下まち裏布と上まち裏布を中表に重ねる。
⑭ でき上がり線を縫う。

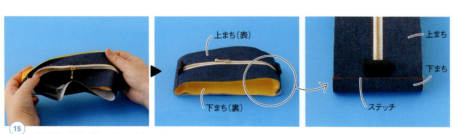

⑮ 表に返して縫い代にステッチをかける。

Part 2 まち付きポーチ 039

| How to make |

【 側面を準備します 】

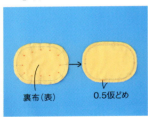

表布と裏布を外表に重ね、縫い代部分を仮どめする。

【 側面とまちを縫い合わせます 】　＊立体の縫い方はP37でも詳しく解説しています

① 側面とまちを中表に重ね、合い印をまち針でとめる。

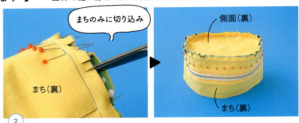

② 合い印の間も細かくまち針を打つ。まちのみに切り込みを入れながらまち針を打つとカーブに沿ってとめやすい。

③ まちを上にしてでき上がり線を縫う。

④ 反対側の側面も同様に縫いとめる。

【 縫い代を始末します 】

① バイアステープをまちと中表に縫いとめる。バイアステープの折り目とまちの縫い目を合わせる。

② バイアステープで縫い代をくるんで縫いとめる。

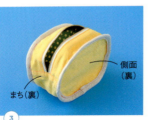

③ 反対側も同様にバイアステープでくるんで始末する。

完成

ファスナー口から表に返して形を整える。

パイピング仕立てにすると形がしっかりとします

| How to make |

Pouch: **16**

楕円の別まちポーチ〔P023〕
表と裏を別仕立てで縫う方法
縫い目を隠すことができます

＊手でまつるのはイヤ！
　なら➡P38へ

材料　※P38と同じでバイアステープのみなし

側面表布20×30cm、まち表布20×30cm、裏布40×30cm、接着芯40×30cm、20cmファスナー1本、2.5cm幅リボン15cm

＊表布の裏に接着芯を貼っておく

実物大型紙は83ページ

【 表袋を作ります 】

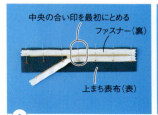
① 上まち表布とファスナーを中表に合わせてまち針でとめる。

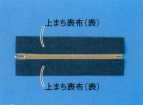
② でき上がり線を縫い、表に返して縫い代にアイロンをかける。反対側も同様に上まちを縫いとめる。

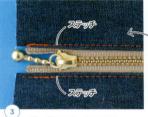
③ 縫い代にステッチをかける。

④ ③と下まちをわに縫い合わせる。下まちにはリボンを仮どめしておく（P38【まちを作ります】⑦参照）。縫い代にステッチをかける。

【 裏袋を作ります 】

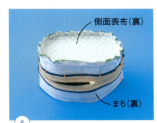
⑤ ④と側面表布を中表に重ねてまち針でとめる（P37【立体の縫い方】参照）。

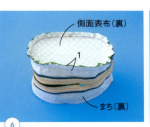
⑥ まちを上にしてでき上がり線を縫う。

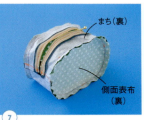
⑦ 反対側の側面表布も同様に縫いとめる。

ファスナーとリボンなしで表袋と同様に縫い合わせる。

【 まとめます 】

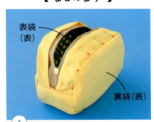
① 表袋と裏袋を、裏袋を外側にして外表に重ね、入れ口の片側をまち針でとめる。

② ファスナーの縫い目より少し内側に裏袋をまつりつける。

③ 残りの3辺をまつる。

完成
ファスナー口から表に返して形を整える。

Part 2　まち付きポーチ　041

バニティポーチ

持ち手がついて、ふたがパカッと開くバニティ型。持ち運びにも便利です。
実はこれ、別まちポーチ(P23の**16**)を横にしてサイズや布幅を変え、持ち手を挟んだだけ！
作り方の工程はほぼ同じです。この形なら、両開きファスナーがおすすめです。

楕円のバニティポーチ

あえて持ち手を長めにし、ミニバッグとしても持てるデザインに。持ち手がジャマなら短くしてもOK。本体のサイズを調整すればお弁当入れにもなります。バニティポーチの場合、ファスナーが側面につくので内側はパイピング処理が得策です。

Pouch:
19

| How to make |
44ページ

でき上がり:
約底長径17.5×短径10×高さ13cm(持ち手含まず)

Pouch:
20

円形のバニティポーチ

少し小さめなこちらのファスナーは30cm。ただ、30cmの両開きファスナーが手に入らず、40cmをカットして使用しました。本体を縦に長くし、裏布を保温保冷シートに替えればボトルケースや水筒ケースとしても使えます。

| How to make |
47ページ
でき上がり:
約底直径10.5×高さ10.5cm（持ち手含まず）

Part 3　バニティポーチ

How to make

19 Pouch: 楕円のバニティポーチ 〔P042〕

作り方の考え方は、P38の**16楕円の別まちポーチ**に
持ち手をつけて横にしただけ！

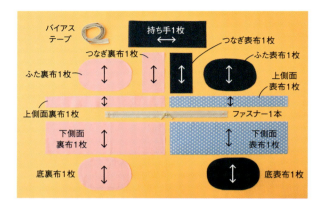

材料
上側面・下側面表布45×20cm、ふた・底・つなぎ表布、持ち手45×30cm、裏布50×40cm、接着芯60×40cm、40cm両開きファスナー1本、2cm幅両折りバイアステープ1m

＊表布の裏に接着芯を貼っておく
＊ファスナー端は突き合わせてかがっておく

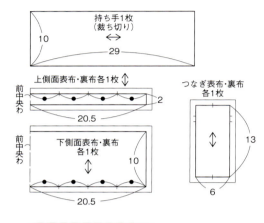

【寸法図】 ＊指定以外は縫い代1cmつける

実物大型紙は84&85ページ

【 側面を作ります 】 ＊P38別まちポーチの「まち」の作り方と同じです

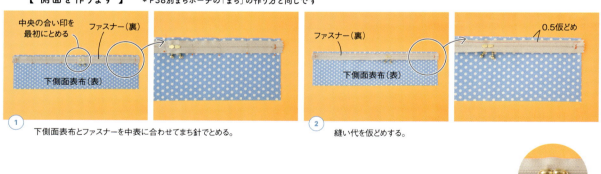

① 下側面表布とファスナーを中表に合わせてまち針でとめる。

② 縫い代を仮どめする。

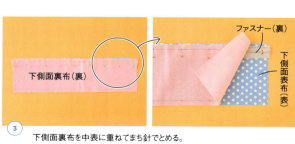

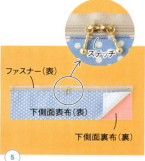

③ 下側面裏布を中表に重ねてまち針でとめる。

④ でき上がり線を縫う。

⑤ 表に返して折り山に爪アイロンをかけ、ステッチをかける。

044

| How to make |

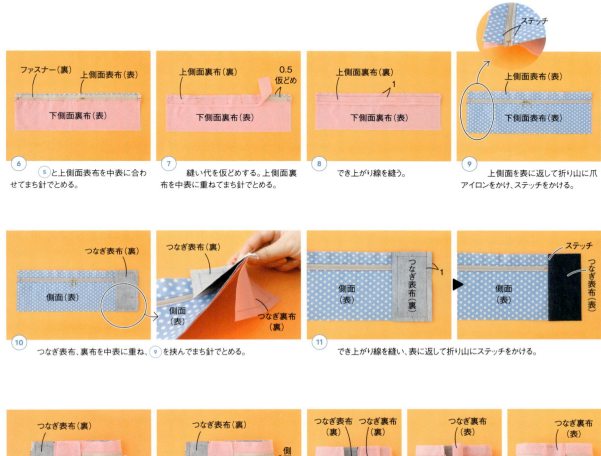

⑥ ⑤と上側面表布を中表に合わせてまち針でとめる。

⑦ 縫い代を仮どめする。上側面裏布を中表に重ねてまち針でとめる。

⑧ でき上がり線を縫う。

⑨ 上側面を表に返して折り山に爪アイロンをかけ、ステッチをかける。

⑩ つなぎ表布、裏布を中表に重ね、⑨を挟んでまち針でとめる。

⑪ でき上がり線を縫い、表に返して折り山にステッチをかける。

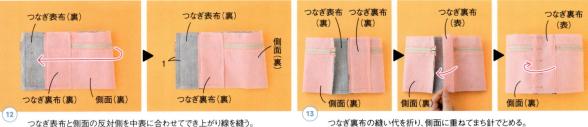

⑫ つなぎ表布と側面の反対側を中表に合わせてでき上がり線を縫う。

⑬ つなぎ裏布の縫い代を折り、側面に重ねてまち針でとめる。

【 持ち手を作ります 】

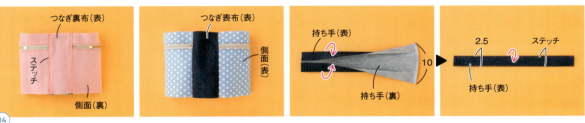

⑭ 折り山にステッチをかける。

四つ折りにして両端にステッチをかける。

| How to make |

【 ふたと底を作ります 】

① 表布と裏布を外表に重ね、縫い代部分を仮どめする。2枚作る。

② 1枚の表布側に持ち手を仮どめする。もう1枚は底になるのでそのままでOK。

【 まとめます 】

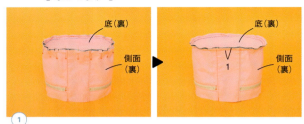

① 底と側面を中表に合わせてまち針でとめ、でき上がり線を縫う。

立体の縫い合わせ方はP37参照。この場合は、直線の側面側を上にして縫い合わせます。

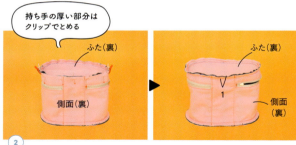

② ふたも同様にまち針でとめてでき上がり線を縫う。

持ち手の厚い部分はクリップでとめる

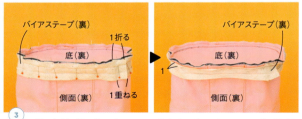

③ 側面底側の縫い代にバイアステープを中表に重ね、バイアステープの折り線と側面の縫い線を合わせてまち針でとめる。折り線の上を縫う。

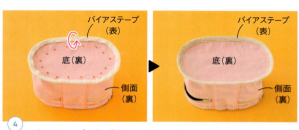

④ バイアステープで縫い代をくるんで縫いとめる。

⑤ ふた側も同様にバイアステープでくるんで縫い代を始末する。このときファスナーは開けておく。

完成

ファスナー口から表に返して形を整える。

| How to make |

円形のバニティポーチ 〔P043〕

形が変わっても作り方は同じです。P44〜の作り方を参照して製作してください。
ちょうどいい長さのファスナーがない場合はカットして使うのも手！

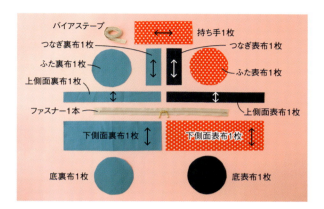

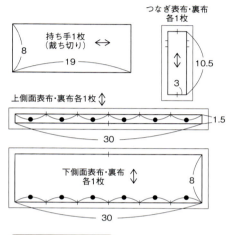

【寸法図】 ＊指定以外は縫い代1cmつける

実物大型紙は86ページ

材料
上側面・底・つなぎ表布55×15cm、ふた・下側面表布・持ち手55×20cm、裏布35×30cm、接着芯45×30cm、40cm両開きファスナー1本（フラットニット）、2cm幅両折りバイアステープ80cm

＊表布の裏に接着芯を貼っておく

P44の**19**楕円のバニティポーチの作り方を参考に製作してください。
ファスナーをカットする際は、写真のように作ります。

【 ファスナーが長いときはカットして使います 】

① P44〜の作り方を参照して側面を作る。ファスナーと側面の中央を合わせて縫い合わせる。つなぎ表布、裏布で片脇を挟み縫う。

② 縫い代からはみ出したファスナーをカットする。カットできるフラットニットファスナーを使う。

③ 側面の反対側につなぎ表布を中表に合わせてでき上がり線を縫う。

④ 縫い代からはみ出したファスナーをカットする。

⑤ つなぎ裏布の縫い代を折って側面に重ねて折り山にステッチをかける。

P45〜46と同様に作る。

Part 4 アレンジいろいろポーチ

フラットポーチを基本にして、ダーツやタック、ギャザーをプラスしたり、口をカーブさせたり、ポケットをファスナーポケットにしたりいろいろアレンジ！ さらに、モチーフポーチもご紹介。どれも表布や裏布を準備しておけば作り方は基本同じです。

Pouch: 21 / ダーツ

Pouch: 22 / タック

Pouch: 23 / ギャザー

ダーツ・タック・ギャザーのポーチ

Part1の02ラウンドのフラットポーチのアレンジ3段階。底にダーツを加えるとぷっくり立体的に、タックやギャザーをプラスするなら口布をつけると縫いやすいでしょう。型紙の広げ方などもここでマスターしてください。

How to make
21…50ページ
22…52ページ
23…54ページ
でき上がり:
21…約縦13×横21cm
22…約縦13×横27cm
23…約縦13×横31cm

Pouch: 24

Pouch: 25

Pouch: 26

口カーブのポーチ

口にカーブをつけただけでポーチの印象もがらりと変化。3点全て20cmファスナーで製作しています。いちばん上のぷっくり山形のカーブだとポーチの幅が狭くなり、逆にいちばん下のなだらかな丘形なら幅広になります。

How to make
24〜26…58ページ
でき上がり:
24…約縦18×横17cm
25…約縦17.5×横18cm
26…約縦16.5×横19cm

Part 4　アレンジいろいろポーチ　049

| How to make |

Pouch: 21 ダーツのポーチ〔P048〕

底にダーツを縫えば、P16の**02**ラウンドのフラットポーチの「表と裏を一気に縫う方法（底はぎ）」と作り方は同じです。
ここでは、ダーツの印のつけ方と縫い方、倒し方をレッスンします。

材料
表布50×20cm、裏布50×20cm、接着芯50×20cm、20cmファスナー1本

＊表布の裏に接着芯を貼っておく

実物大型紙は81ページ

【 ダーツの印つけ 】

① 型紙のダーツの先端部分はきりや目打ちで穴をあけておく。

② 布にでき上がり線の印をつけたら、目打ちで穴をあけた部分の点と、ダーツ端に印をつける。

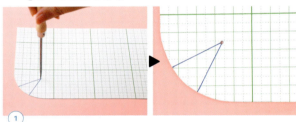

③ 3つの点を結んでダーツの印をつける。

【 ダーツを縫います 】

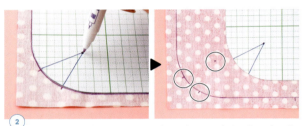

① 写真のようにダーツの印にまち針を打つ。

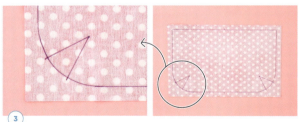

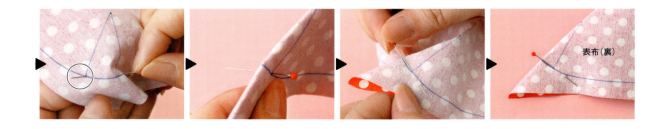

| How to make |

② ダーツの先と間にもまち針を打つ。

③ 布端側からダーツの先に向かって縫う。

④ 表布2枚、裏布2枚作る。

ファスナーつけからは
P16の02ラウンドのフラットポーチの作り方を参照

ただし、両脇と底を縫い合わせる際、ダーツの倒し方は
表布と裏布がそれぞれ互い違いになるように倒すのがポイント!

【 ダーツの倒し方 】

表布同士、裏布同士のダーツがそれぞれ互い違いになるようにダーツを倒す。さらに、表に返したときに表布と裏布が重なる部分のダーツも互い違いになるように倒しておく。

【 両脇・底を縫います 】

① 裏布に返し口を残してぐるりと1周縫う。

② 角を切り落とす。

完成

表に返して返し口をまつり、形を整える。

Part 4 アレンジいろいろポーチ 051

| How to make |

Pouch: 22 タックのポーチ 〔P048〕

P16の**02**ラウンドのフラットポーチにタックとダーツをプラス。タックをつけるため、本体と口布に型紙を分割し、本体の型紙はさらにタック分を中央で延ばしました。
表布と裏布さえ作ってしまえば、作り方の工程はP16の**02**ラウンドのフラットポーチ「表と裏を一気に縫う方法（底はぎ）」と同じです。ここでは、型紙の分割方法と、タックの倒し方をレッスンします。

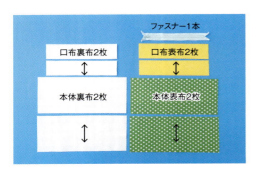

材料
口布表布25×15cm、本体表布35×30cm、裏布70×25cm、接着芯70×25cm、20cmファスナー1本

＊表布の裏に接着芯を貼っておく

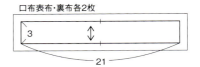

【寸法図】 ＊縫い代1cmつける

口布表布・裏布各2枚

実物大型紙は82ページ

【 型紙をアレンジします 】

＊まずはP16ラウンドのフラットポーチの型紙から、口布と本体の型紙を作ります

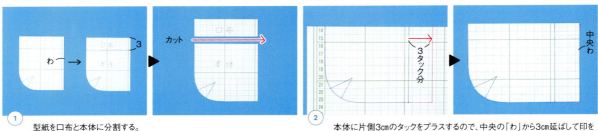

① 型紙を口布と本体に分割する。

② 本体に片側3cmのタックをプラスするので、中央の「わ」から3cm延ばして印をつけ、カットする。

【 タックをたたんでダーツを縫います 】

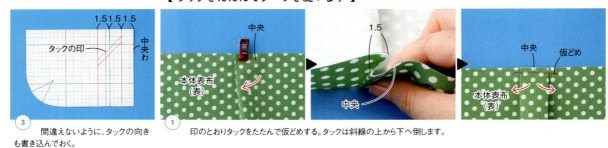

③ 間違えないように、タックの向きも書き込んでおく。

① 印のとおりタックをたたんで仮どめする。タックは斜線の上から下へ倒します。

【 表布と裏布を作ります 】

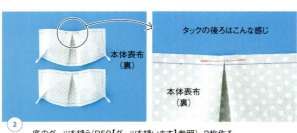

② 底のダーツを縫う（P50【ダーツを縫います】参照）。2枚作る。

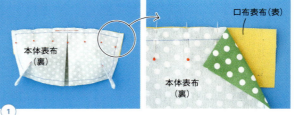

① 本体表布と口布表布を中表に合わせてまち針でとめる。

| How to make |

② でき上がり線を縫う。

③ 口布を開いてアイロンをかける。縫い代は口布側に倒す。2枚作る。

④ 裏布も ① ～ ③ と同様に2枚作る。

【 ファスナーをつけます 】

① 表布とファスナーを中表に合わせてまち針でとめる。

② 縫い代を仮どめする。

③ 裏布を表布と中表に重ねてまち針でとめる。

④ でき上がり線を縫う。

⑤ 反対側も ① ～ ④ と同様に表布と裏布でファスナーを挟んで縫う。

【 両脇・底を縫います 】

① 表布同士、裏布同士をそれぞれ中表に合わせてまち針でとめる。ダーツは交互に倒してとめる。

② 裏布に返し口を残してぐるりと1周縫う。

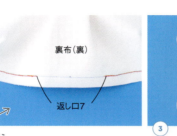

③ 角を切り落とす。

完成

表に返して返し口をまつり、形を整える。

Part 4 アレンジいろいろポーチ 053

| How to make |

  Pouch: 23

ギャザーのポーチ〔P048〕

P16の**02**ラウンドのフラットポーチにギャザーをプラス。ギャザーをつけるため、本体と口布に型紙を分割し、本体の型紙はさらにギャザー分を中央で延ばしました。
表布と裏布さえ作ってしまえば、作り方の工程はP16の**02**ラウンドのフラットポーチ「表と裏を一気に縫う方法（底はぎ）」と同じです。ここでは、ギャザーの寄せ方をレッスンします。

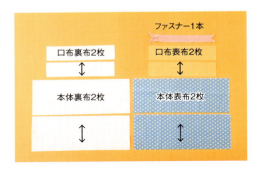

材料

口布表布25×15cm、本体表布40×30cm、裏布80×25cm、接着芯25×15cm、20cmファスナー1本

＊口布表布の裏に接着芯を貼っておく

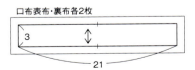

【寸法図】　＊縫い代1cmつける

口布表布・裏布各2枚

実物大型紙は82ページ

【 型紙をアレンジします 】　＊P52【型紙をアレンジします】を参照して口布と本体の型紙を作ります

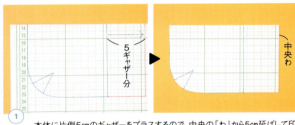
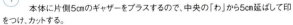
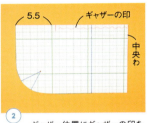

① 本体に片側5cmのギャザーをプラスするので、中央の「わ」から5cm延ばして印をつけ、カットする。

② ギャザー位置にギャザーの印を書き込んでおく。

【 ギャザーを寄せます 】

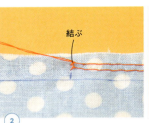

① 本体表布のギャザー部分に粗ミシンを2本かける。

② 片側の糸端を結ぶ。

③ 反対側の糸端を少しずつ引いてギャザーを寄せる。

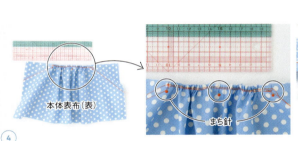
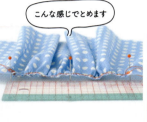
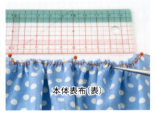

④ ギャザーをでき上がり10cmに縮めたら糸端を結んで固定する。アイロン台などにまち針でギャザーの両端と中央をとめる。ギャザーが均等になるように目打ちで調整する。

| How to make |

⑤ アイロンで縫い代のギャザーをつぶして定着させる。

⑥ ギャザーが寄ったところ。表布、裏布2枚ずつ作る。

【 表布と裏布を作ります 】

① 本体表布と口布表布を中表に合わせてまち針でとめる。

ギャザーを見ながら縫いましょう
② でき上がり線を縫う。

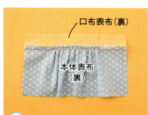
③ 口布を開いてアイロンをかける。縫い代は口布側に倒す。

④ 2枚作る。

【 ファスナーをつけます 】
*ファスナーつけから完成まではP16ラウンドのフラットポーチの作り方と同じです

⑤ 裏布も①〜③と同様に2枚作る。

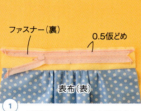
① 表布とファスナーを中表に合わせてまち針でとめ、仮どめする。

② 裏布を表布と中表に重ねてまち針でとめ、でき上がり線を縫う。

③ 表に返して折り山に爪アイロンをかける。

【 両脇・底を縫います 】

④ 反対側も①〜③と同様に表布と裏布でファスナーを挟んで縫う。

① 表布同士、裏布同士をそれぞれ中表に重ねてまち針でとめる。

② 裏布に返し口を残してぐるりと1周縫い、角を切り落とす。

完成
表に返して返し口をとじ、形を整える。

Part 4 アレンジいろいろポーチ 055

Lesson 3

ダーツ　タック　ギャザー　長さや深さ、幅によって見え方が違います

ダーツ

布をつまんで縫い合わせ、平面の作品を立体的に仕上げます。
ダーツの深さや幅によって微妙に形が変わるので、好みのサイズを探しましょう。

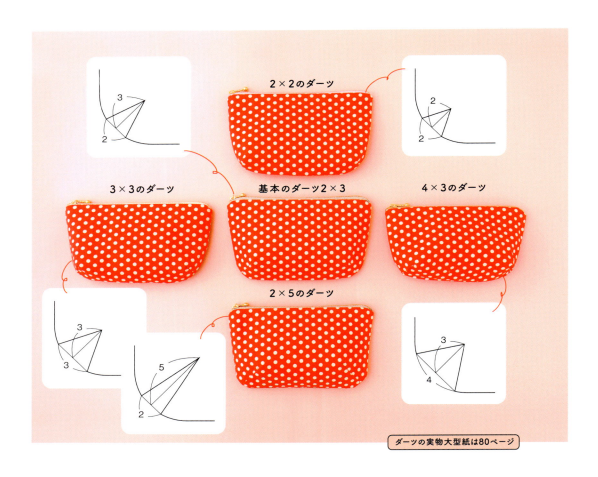

ダーツの実物大型紙は80ページ

ダーツの幅は同じにして深さを変えました。深くなればなるほど横から見ると底が鋭角になります。浅くなるとまちのような形になります。

ダーツの深さは同じにして幅を変えました。幅が広くなるほど底が平たくなるため、ポーチ自体の高さも低くなっていきます。

| How to make |

タック

布をたたんで縫いとめ、ひだを作ります。
タックの印は布を倒す方向を示し、斜線の上から下に布を倒します。
タックのたたむ向きや、幅や本数によってもデザインが変わります。

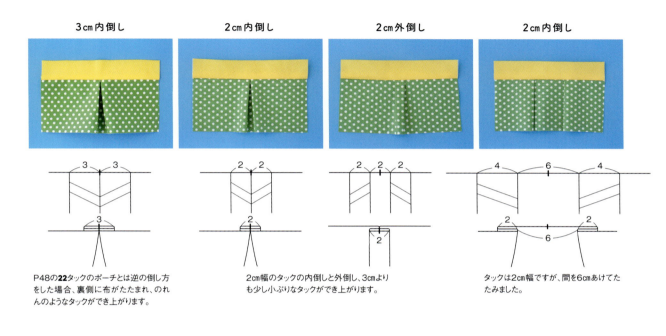

3cm内倒し / 2cm内倒し / 2cm外倒し / 2cm内倒し

P48の**22**タックのポーチとは逆の倒し方をした場合、裏側に布がたたまれ、のれんのようなタックができ上がります。

2cm幅のタックの内倒しと外倒し、3cmよりも少し小ぶりなタックができ上がります。

タックは2cm幅ですが、間を6cmあけてたたみました。

ギャザー

布を縫い縮めてしわを寄せたデザインです。
縫い縮める長さによってギャザーのボリュームが変わります。
作品に合わせてギャザーの分量を調節しましょう。

15cmの長さを 10cmのギャザーに

P48の**23**ギャザーのポーチより5cm短くしたギャザー。ボリュームが少なめの仕上がりになります。

20cmの長さを 10cmのギャザーに

P48の**23**ギャザーのポーチと同じ長さ。最初は仕上がり長さの倍の長さでボリューム感をつかむといいでしょう。

25cmの長さを 10cmのギャザーに

P48の**23**ギャザーのポーチより5cm長くしたギャザー。長くした分、ボリューム感たっぷりなギャザーができ上がります。

ギャザーを見ながら縫います

縫っているうちに均等にしたギャザーが偏ってしまうことも。ギャザーを上にし、目打ちで布を送りながら縫い進むと偏りを防げます。

Part 4 アレンジいろいろポーチ 057

| How to make |

 Pouch:
24・25・26

口カーブのポーチ〔P049〕

緩やかなカーブなら、ファスナーもミシンで縫いつけOK。
作り方はP16のラウンドのフラットポーチと同じですが、カーブ部分はまち針を細かめに打ちましょう。

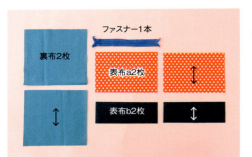

材料

（**24・25・26**共通）
表布a50×20cm、表布b 50×10cm、裏布50×25cm、接着芯50×25cm、20cmファスナー1本

＊表布の裏に接着芯を貼っておく

実物大型紙は87&88ページ

【 表布を作ります 】

① 表布aとbを中表に合わせてまち針でとめる。

② でき上がり線を縫う。

③ 縫い代を表布a側に倒してアイロンをかける。

④ 縫い代にステッチをかける。

⑤ 口側の余分な縫い代をカットする。2枚作る。

【 ファスナーをつけます 】

① 表布にファスナーを中表に合わせる。中央の合い印を合わせてまち針でとめる。

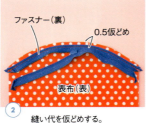

② 縫い代を仮どめする。

③ 裏布を表布と中表に重ねてまち針でとめる。ファスナーは開けておく。

④ でき上がり線を縫う。

058

| How to make |

⑤ 表に返し、折り山に爪アイロンをかける。

⑥ もう1枚の表布とファスナーを中表に合わせてまち針でとめ、縫い代に仮どめする。

⑦ 裏布を中表に重ねてまち針でとめる。

⑧ でき上がり線を縫う。

【 両脇・底を縫います 】

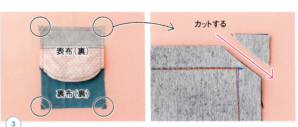

① 表布同士、裏布同士をそれぞれ中表に合わせてまち針でとめる。ファスナー部分に仮どめをする。

② 裏布に返し口を残してぐるりと1周縫う。

③ 角を切り落とす。

返し口から表に返して返し口をとじ、形を整える。

カーブがきつくなると横幅が狭くなり高さが出る。

同じ20cmファスナーを使った場合、カーブが緩やかになると横幅が広くなり高さが低くなる。

見比べるとこんな感じです。

布づかいを変えれば食パンポーチに♪

ファスナーのきわにこげ茶の山道テープを縫いとめ、最後に周囲に茶系のリボンを縫いとめて。ちょっとのアイデアでオリジナルのデザインが生まれます。

Part 4 アレンジいろいろポーチ 059

Pouch:
27

ダブル＆トリプルファスナーポーチ

P10の**02**ラウンドのフラットポーチを、縦に延ばしてファスナーポケットをプラス。ポケットのファスナーはまっすぐ縫うことに気をつければ、ポーチ口のファスナーつけよりずっと簡単に縫いつけられます。上のパーツから順番に下のパーツにつけていく……を繰り返せば、ポケットが増えても作り方は同じです。

Pouch:
28

| **How to make** |
27…61ページ
28…63ページ
でき上がり:
各約21cm四方

060

| How to make |

 Pouch: 27

ダブルファスナーポーチ〔P060〕

P16の**02**ラウンドのフラットポーチにファスナーポケットをプラス。そのため、本体の高さを8cm延ばしました。表布にポケットをつけて準備しておけば、ポーチの作り方はP16の「表と裏を一気に縫う」かP17の「表と裏を別仕立て」にするかを選ぶだけ！ ここでは、「表と裏を別仕立て」で作る方法で製作しました。

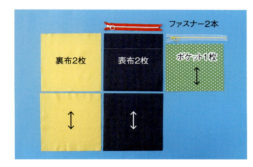

材料

表布50×25cm、裏布50×25cm、ポケット25×20cm、接着芯75×25cm、20cmファスナー2種各1本

＊表布とポケットの裏に接着芯を貼っておく

実物大型紙は89ページ

【 ポケットをつけた表布を作ります 】

1 ポケット口を三つ折りにしてステッチをかける。

2 ファスナーにつけた印に合わせてポケットをまち針でとめる。

3 ポケット口のきわを縫う。

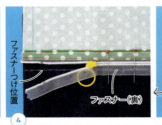
4 表布のファスナーつけ位置にファスナーの印を合わせて中表にまち針でとめる。

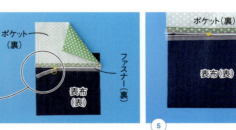
5 ファスナーつけ位置を縫う。

Part 4 アレンジいろいろポーチ 061

| How to make |

【 表袋を作ります 】

① 表布にもう1本のファスナーを中表に合わせてまち針でとめる。

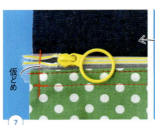
⑥ ポケットを表に返す。

⑦ ファスナーの両端と底側を仮どめする。これで表布の準備が終了!

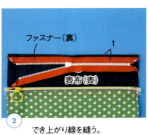
② でき上がり線を縫う。

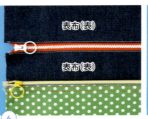
③ ファスナーを表に返し、折り山に爪アイロンをかけてステッチをかける。

④ 反対側も①〜③と同様に表布とファスナーを縫いとめる。

⑤ 表布を中表に合わせて周囲をまち針でとめる。

【 裏袋を作ります 】

⑥ 両脇と底を縫う。底の余分な縫い代をカットする。

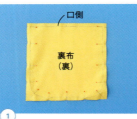
① 裏布を中表に合わせて周囲をまち針でとめる。

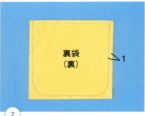
② 両脇と底を縫う。

③ 底の余分な縫い代をカットする。両脇の縫い代を割り、口側の縫い代を折る。

【 まとめます 】

① 表袋と裏袋を外表に重ねてまち針でとめる。

② 裏袋をファスナーにまつりつける。

縫い目の下側にまつると表に縫い目が出ません

完成
表に返して形を整える。

| How to make |

トリプルファスナーポーチ〔P060〕

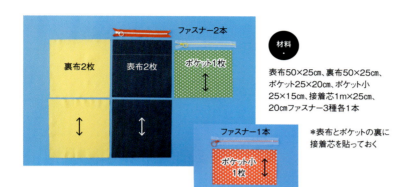

材料
表布50×25cm、裏布50×25cm、ポケット25×20cm、ポケット小25×15cm、接着芯1m×25cm、20cmファスナー3種各1本

＊表布とポケットの裏に接着芯を貼っておく

P61の**27**ダブルファスナーポーチにさらにもうひとつファスナーポケットをプラス。複雑そうに見えますが、追加したいものを表布につけて準備しておけば、基本的な作り方は同じです。
ポシェットとしてひもをつけたければ表布にタブを縫いとめておけばOK。ミニバッグとして持ちたければ表布に持ち手を縫いとめて。パッチポケットやタグのあしらいなども同様に。基本的な作り方さえ押さえておけば、アレンジも無限に広がります。

実物大型紙は89ページ

【 ポケットにポケット小をつけます 】

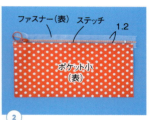

① ポケット小の口側を三つ折りにしてステッチをかける。

② ファスナーにつけた1.2cm幅の印に合わせてポケットをまち針でとめる。ポケット口のきわを縫う。

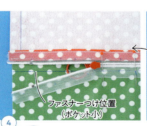

③ ポケットの表側にファスナーつけ位置（ポケット小）の印をつける。

④ ③の印にファスナーの印を合わせて中表にまち針でとめる。

⑤ ファスナーつけ位置を縫う。

このあとは、P61ダブルファスナーポーチの作り方と同じです。→P61

完成

⑥ ポケット小を表に返し、ファスナーの両端を仮どめする。

表布にループやタブをつければ、あとからひもをつけることが可能に。用途の幅も広がる。

ひもをつければポシェットにも！
ひもを長くすればポシェット、短めにすればショルダーバッグ風にも持てる。

Part 4 アレンジいろいろポーチ 063

ハウスのポーチ

鋭角な角があるハウスのポーチは、全てを重ねてぐるっと縫い、縁かがりミシンで布端を処理します。見た目にもかわいいハウスのデザインは、幅や高さを変えたり、柄を変えたりするだけでも楽しさが増しますよ。

Pouch: 29

Pouch: 30

Pouch: 32

Pouch: 31

| How to make |

29〜32…66ページ

でき上がり：

29〜31…各約縦16×横15cm
32…約縦19.5×横15cm

ネコとリンゴのポーチ

ネコとリンゴのポーチは形が変わっただけで、実はP17の**06**はぎ合わせ入りラウンドのポーチと作り方は同じ。この2つの形は縦横や、はぎ合わせを変えるとさまざまなデザインに発展するおもしろい型紙です。

Pouch: 33

Pouch: 34

| **How to make** |
33…70ページ
34…68ページ
でき上がり：
33…約縦12.5×横13.5cm
34…約縦11.5×横13.5cm

Part 4　アレンジいろいろポーチ　065

| How to make |

Pouch: 29・30・31・32

ハウスのポーチ 〔P064〕

変型の形で、ファスナーを挟んで一気に縫うことや、ファスナー口に裏袋をまつりづらい場合は、ぐるっと縫って縁かがりミシンで布端を始末しても。

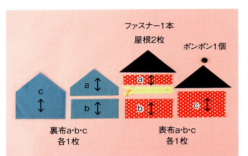

材料

（29・30・31共通）
表布a・b・c40×15cm、屋根30×10cm、裏布40×20cm、接着芯40×25cm、14cmファスナー1本、直径約1.5cmポンポン1個

（32）
表布a・b・c40×20cm、屋根30×10cm、裏布40×25cm、接着芯40×30cm、14cmファスナー1本、直径約1.5cmポンポン1個

実物大型紙は90ページ

【 前面を作ります 】

① 表布aと屋根を中表に縫い合わせる。

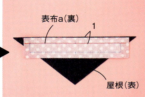

② 表に返して縫い代を屋根側に倒し、縫い代にステッチをかける。飛び出た縫い代をカットする。

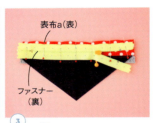

③ ②にファスナーを中表に重ね、まち針でとめる。

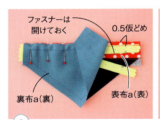

④ 縫い代に仮どめをし、裏布aを中表に重ねてまち針でとめる。

⑤ でき上がり線を縫う。

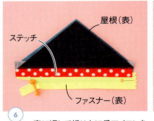

⑥ 表に返して折り山に爪アイロンをかけ、折り山のきわにステッチをかける。

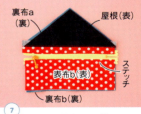

⑦ 表布bと裏布bも同様にファスナーと縫い合わせ、ステッチをかける。

【 後ろ面を作ります 】

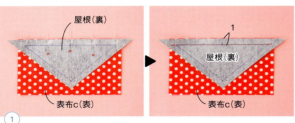

① 表布cと屋根を中表に縫い合わせる。

② 表に返して縫い代を屋根側に倒し、縫い代にステッチをかける。飛び出た縫い代をカットする。

【 まとめます 】

① 前面と後ろ面を中表に合わせて周囲をまち針でとめる。

| How to make |

② でき上がり線を縫う。

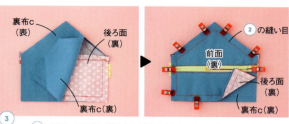
③ ②に裏布cを外表に重ねたら、重ねたままくるっとひっくり返し、前面側を上にして周囲をクリップでとめる。

④ ②の縫い目をガイドに縫い目の上または少し外側を1周縫う。

⑤ 周囲の縫い代を0.5〜0.7に切りそろえる。

⑥ 縫い代端に縁かがりミシンをかける。

完成

⑦ ファスナー口から表に返して形を整える。

屋根にポンポンを縫いとめる。

サイズやファスナーの向きを変えてアレンジ!

テントに
横幅を延ばして屋根をはぎ合わせて。サーカス風の柄を使えばたちまちテントに。20cmファスナーを使用。

実物大型紙は95ページ

ロケットに

ファスナーを縦に配置してロケット形に。表布a、bにファスナーをつけてから屋根と縫い合わせて前面を作って。12cmファスナーを使用。

実物大型紙は92ページ

鉛筆に

ぐっと幅を狭くして縦長デザインにしたら鉛筆に。ペンケースでも、箸入れにしても。こちらは20cmファスナーを使用。

実物大型紙は88ページ

Part 4 アレンジいろいろポーチ

| How to make |

Pouch: 34  リンゴのポーチ 〔P065〕 カーブがややきつい形は、表袋と裏袋を別仕立てにする作り方がきれいに仕立てるにはおすすめ。

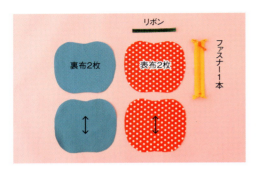

材料

表布35×15cm、裏布35×15cm、接着芯35×15cm、14cmファスナー1本、1cm幅リボン10cm

＊表布の裏に接着芯を貼っておく

実物大型紙は91ページ

【 表袋を作ります 】

① 表布1枚にリボン（10cm）を仮どめする。

② 表布にファスナーを中表に重ねてまち針でとめる。中央の合い印を最初にとめる。

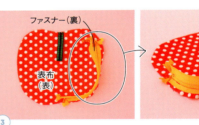
③ でき上がり線を縫う。この場合は、ファスナーにつけた点をガイドに縫う。

④ 反対側も同様に表布とファスナーを中表に合わせてまち針でとめる。

⑤ でき上がり線を縫う。

⑥ 表に返して布がつれていたり、かんでいないか確認する。

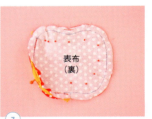
⑦ 表布同士を中表に合わせてまち針でとめる。

【 裏袋を作ります 】

⑧ でき上がり線を縫う。

⑨ カーブに切り込みを入れる。

① 裏布2枚を中表に合わせて周囲をまち針でとめる。

② ファスナーあきを残してでき上がり線を縫う。

| How to make |

【 まとめます 】

③ カーブに切り込みを入れる。

① 表袋と裏袋を外表に重ねてまち針でとめる。

縫い目の下側にまつると表に縫い目が出ません

② 裏袋をファスナーにまつりつける。

完成

ファスナー口から表に返して形を整える。

はぎ合わせを変えていろいろアレンジ！

表布を縫い合わせておけば、作り方はどれも同じです。パーツごとに接着芯を貼ってもかまいませんが、縫い代の重なりが多い場合は、表布を縫い合わせてから接着芯を貼るといいでしょう。

後ろ面

リンゴの型紙を4枚はぎにしてカボチャに。後ろ面は黒にしてハロウィーンのカボチャをイメージ。

もう少し簡単に作りたいなら、3枚はぎでも。ループをつけなければピーマンにも見える？

ポーチを縦使いにしてそら豆やピーナッツのイメージで布合わせ。

【 型紙の分割方法 】

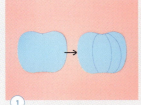

① リンゴの型紙に縫い合わせを入れたい部分に線を描く。

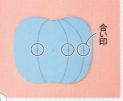

合い印

② それぞれのパーツのライン上に合い印を入れておく。表や上下がわかるように型紙に印を入れておくとよい（ここでは数字を入れました）。

③ 線に沿ってカットする。

④ 4つのパーツが完成。この型紙に縫い代1㎝つけて布を裁つ。

Part 4　アレンジいろいろポーチ

Part 5 オリジナルの形をデザインしてみよう！

ポーチの基本的な作り方をマスターしたら、自分だけのオリジナルにチャレンジ！
平面のフラットポーチと立体の別まちポーチで型紙の作り方やサイズの測り方などを解説します。
デザインをする場合は、78ページの方眼用紙をコピーしてお使いください。

フラットなポーチの場合

●P65の33ネコのポーチをデザインしてみます

フラットなポーチの場合は本体の形や大きさをイメージするところからスタート。

【 まずはイメージする形を描きます 】

少しずつ修正すればいいので、まずは思いきって描いてみることが重要です！

① 方眼用紙に十字の線を引き、十字を中心に思い描くデザインを描いてみる。

| How to make |

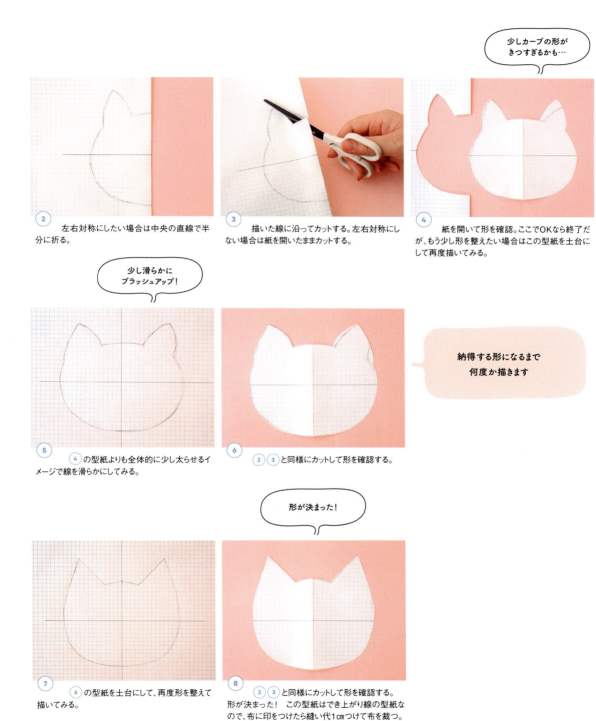

② 左右対称にしたい場合は中央の直線で半分に折る。

③ 描いた線に沿ってカットする。左右対称にしない場合は紙を開いたままカットする。

④ 紙を開いて形を確認。ここでOKなら終了だが、もう少し形を整えたい場合はこの型紙を土台にして再度描いてみる。

「少しカーブの形がきつすぎるかも…」

「少し滑らかにブラッシュアップ！」

⑤ ④の型紙よりも全体的に少し太らせるイメージで線を滑らかにしてみる。

⑥ ②③と同様にカットして形を確認する。

納得する形になるまで何度か描きます

「形が決まった！」

⑦ ⑥の型紙を土台にして、再度形を整えて描いてみる。

⑧ ②③と同様にカットして形を確認する。形が決まった！ この型紙はでき上がり線の型紙なので、布に印をつけたら縫い代1cmつけて布を裁つ。

Part 5　オリジナルの形をデザインしてみよう！　071

How to make

【 ファスナーの長さとつけ位置を決めます 】

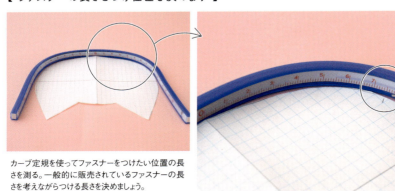

カーブ定規を使ってファスナーをつけたい位置の長さを測る。一般的に販売されているファスナーの長さを考えながらつける長さを決めましょう。

10cmだとものの出し入れがしづらく、16cmだとカーブがきつくなり縫いつけづらくなるので、今回は14cmのファスナーをつけることに決定。ファスナーの長さプラス1cmの余裕を持たせるので、ファスナーつけ位置の長さは15cm。中央から左右7.5cmの所に印をつける。

Point ((カーブ定規))

カーブを測るのに便利な、くねくねと曲がって形が固定される定規。

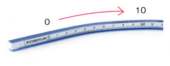

片側は端から測れるように左端が「0」、そこから右に目盛りがついている。

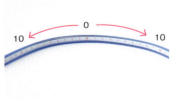

裏側は中央から左右均等に測れるよう、中央が「0」、そこから左右に目盛りがついている。

【 カーブ定規がなければメジャーで測ります 】

メジャーを使う場合は、メジャーを立ててカーブに沿わせて測る。

【 はぎ合わせを入れる場合 】

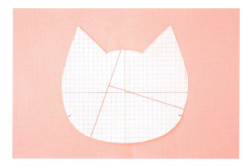

はぎ合わせを入れたい場合は、型紙をもう1枚作ってはぎ合わせの線を描き入れる。印に沿って型紙を折って使うか、印でカットして使う。各辺縫い代は1cmつける。

| How to make |

【 形やはぎ位置、ファスナー位置が決まったら材料を用意します 】

材料

パッチワーク布、表布20cm四方、裏布40×20cm、接着芯40×20cm、14cmファスナー1本

＊表布の裏と、パッチワークした表布の裏に接着芯を貼る

実物大型紙は92ページ

【 はぎ合わせのある表布を準備します 】

1 ①②の順番に縫い合わせる。

2 縫い代は矢印の方向に倒す。目立たせたい布がある場合は目立たせたい布側に縫い代を倒す。

3 ②の裏に接着芯を貼る。

【 作り方を決めます 】

平面の仕立て方なら下記の2つの方法から選んで

1 表と裏を一気に縫う
（作り方工程はP12参照）

2 表と裏を別仕立てで縫う
（作り方工程はP68参照）

2 に決定

小さいサイズでカーブもある場合は、2 の別仕立てがおすすめ。P68の作り方工程を参照して表袋と裏袋を作る。

完成

裏袋を表袋のファスナーにまつりつけて完成。

型紙を逆さに使って動物シリーズをデザインしてみました

表布に刺しゅうやアップリケを入れればさまざまなデザインに。

実物大図案は93＆94ページ

居眠りネコのポーチ

ハリネズミのポーチ

子ブタのポーチ

ゾウさんのポーチ

| How to make |

立体的な別まちのポーチの場合

P23の**18**三角の別まちポーチをデザインしてみます

別まちのポーチの場合は側面の型紙からまちの長さを測ります。

【 まずはイメージする側面の形を描きます 】

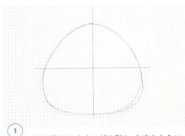

① 方眼用紙に十字の線を引き、十字を中心に思い描くデザインを描いてみる。

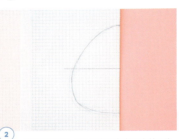

② 左右対称にしたい場合は中央の直線で半分に折る。

③ 描いた線に沿ってカットする。左右対称にしない場合は紙を開いたままカットする。

※少しとがりすぎてカーブが急…

④ 紙を開いて形を確認。ここでOKなら終了だが、もう少し形を整えたい場合はこの型紙を土台にして再度描いてみる。

‖ ブラッシュアップ ‖

⑤ ④の型紙よりも全体的にカーブを緩くしてみる。

⑥ ②③と同様にカットして形を確認する。

| How to make |

【 ファスナーの長さを決めます 】

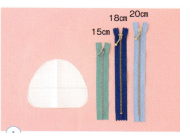

① いくつかの長さのファスナーを準備する。ファスナーをつけたい位置に当ててバランスを確認する。

少し窮屈かも

② 15cmファスナーだと口があまり開かず使いづらいかも。

③ 18cmファスナーはバランスがよさそう!

④ 20cmファスナーだと口が大きく開きすぎて中身が飛び出す不安が。

⑤ 型紙のサイドにも当ててみて、どのくらいまで口が開くのかを確認。

18cmファスナーに決定!

⑥ いちばんバランスのよかった18cmを選択。余裕分1cmをプラスして、ファスナーをつける上まちの長さは19cmになる。

【 上まちつけ位置を決めます 】

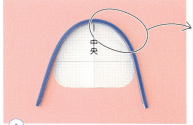

① 上まちの長さが決まったらつけ位置の印をつける。型紙の中央にカーブ定規の「0」の目盛りを合わせ、中央から9.5cmの所に印をつける。

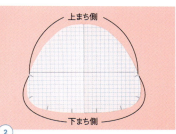

② 反対側も同様に中央から9.5cmの所に印をつける。

【 下まちの長さを測ります 】 　【 まちの幅を決めます 】

上まちつけ位置から下側の長さを測る。この長さが下まちの長さになる。測った長さは21cm。

① 好みのまち幅を決める。今回はコンビニのおにぎりが入るくらいの4cmのまちに決定。

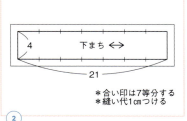

② 下まちの寸法は、長さが先に測った21cm、幅4cmに決定。周囲に1cmの縫い代をつける。

*合い印は7等分する
*縫い代1cmつける

Part 5 オリジナルの形をデザインしてみよう! 　075

| How to make |

【 上まちの寸法を出します 】

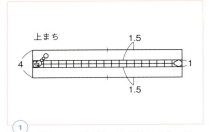

① 長さ19cm、まち幅4cmから幅はファスナーの1cmを引いた3cmが上まちの幅になる。ファスナーの両脇に各1枚ずつつけるので、1枚が3cmの半分、1.5cmになる。

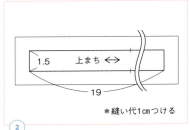

② 上まちの寸法は長さ19cm、幅1.5cmになる。これに周囲各1cmの縫い代をつける。

＊縫い代1cmつける

【 サイズが決まったら材料を用意します 】

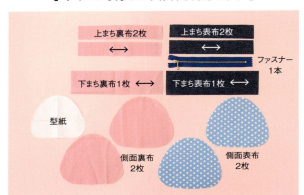

材料

- 上まち・下まち表布25×20cm、側面表布35×15cm、裏布60×20cm、接着芯60×20cm、18cmファスナー1本

＊表布の裏に接着芯を貼る

作り方の工程はP38の**16楕円**の別まちポーチと同じ。
パイピング仕上げにしたい場合は➡P38参照
表袋、裏袋を別々に仕立てたい場合は➡P41参照

パーツの形や長さが違うだけなので、形やサイズが違っても各ページの作り方を参照して製作すればいろんなサイズ、形のポーチを製作できます。

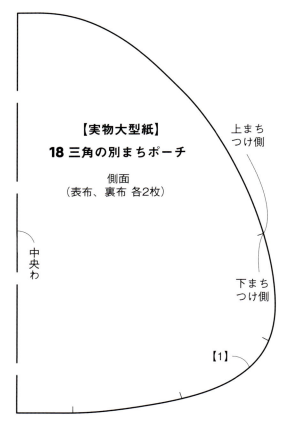

【実物大型紙】
18 三角の別まちポーチ

側面
（表布、裏布 各2枚）

上まちつけ側
下まちつけ側
中央わ
【1】

How to make

側面の形が円形になっても作り方の工程は同じ!

P23 **17** 円形の別まちポーチの寸法図と型紙は下記のとおり。
作り方はP38またはP41参照。作りやすいサイズや仕上がりの
違いで作り方を選んでください。

【寸法図】

上まち（表布・裏布各2枚）
2
21

下まち（表布・裏布各1枚）
5
21

● 材料 ●

上まち・下まち表布25×20cm、
側面表布35×20cm、裏布
60×20cm、接着芯60×20cm、
20cmファスナー1本

＊表布の裏に接着芯を貼る

【実物大型紙】
17 円形の別まちポーチ

上まち
つけ側

上まち
つけ側

側面
（表布、裏布 各2枚）

下まち
つけ側

【1】

下まち
つけ側

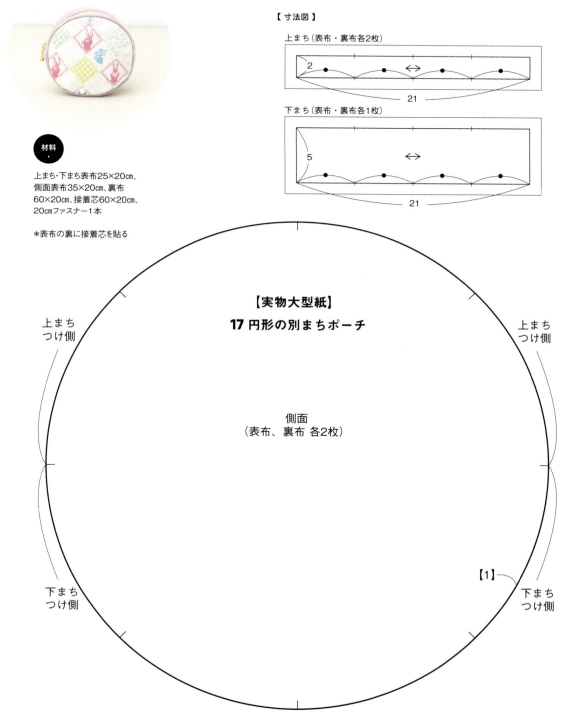

Part 5　オリジナルの形をデザインしてみよう!　077

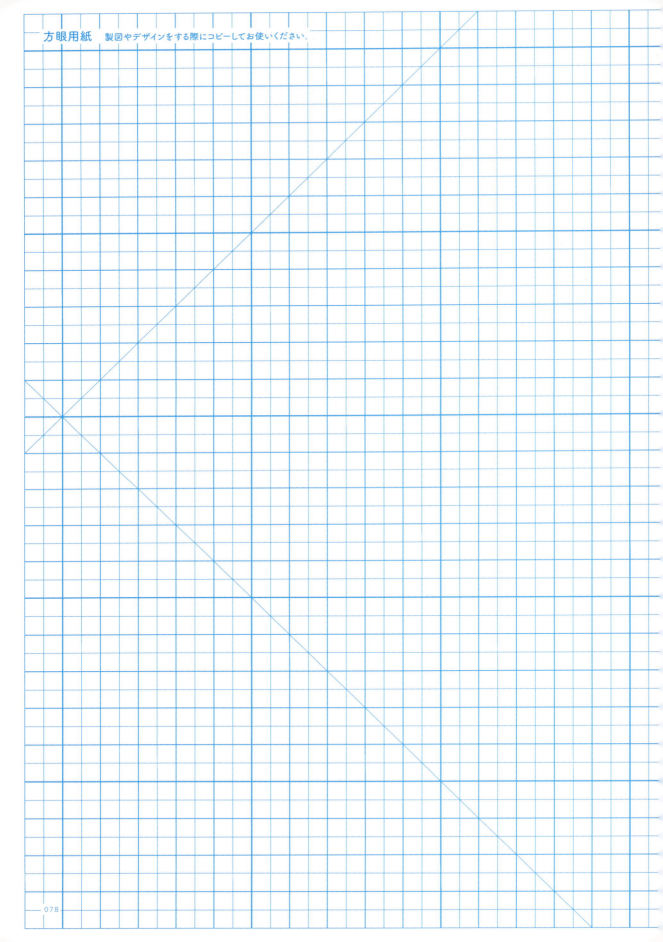

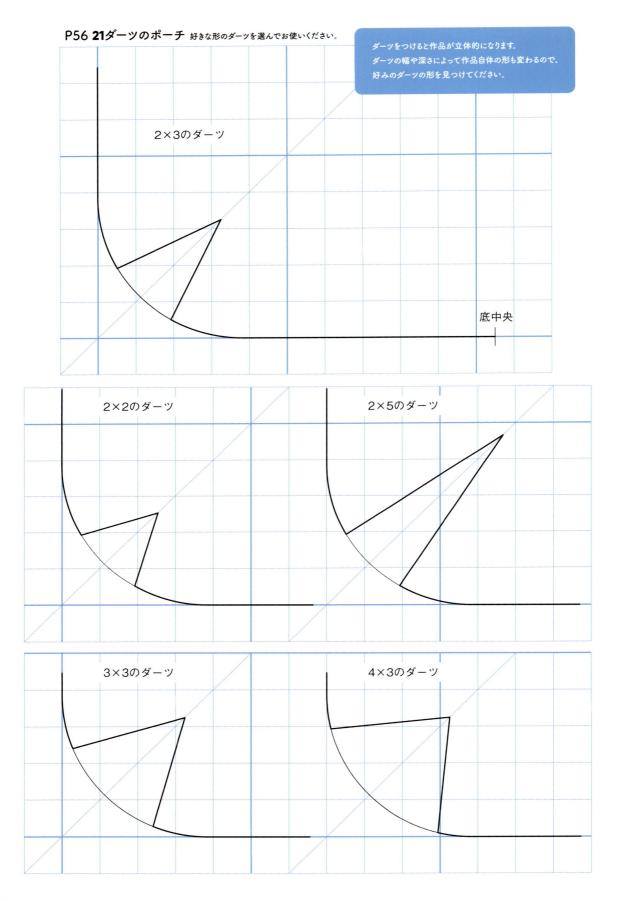

実物大型紙

★型紙には縫い代が含まれていません。
※【 】内の数字を参照し、縫い代をつけてください。
★型紙はハトロン紙などに写すか、コピーしてお使いください。

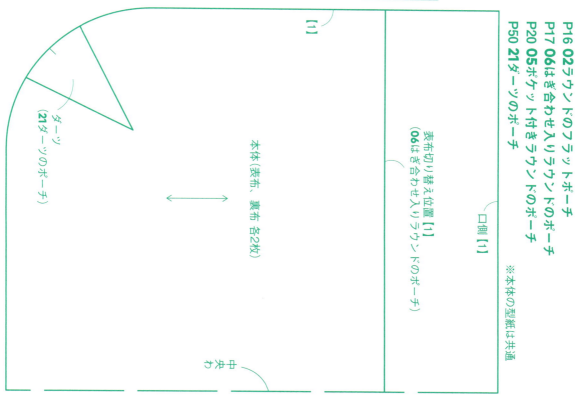

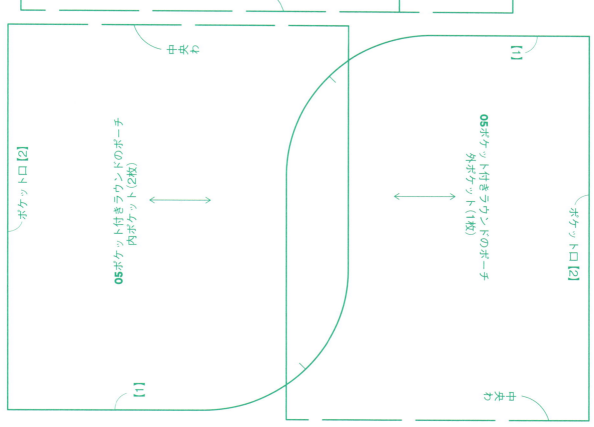

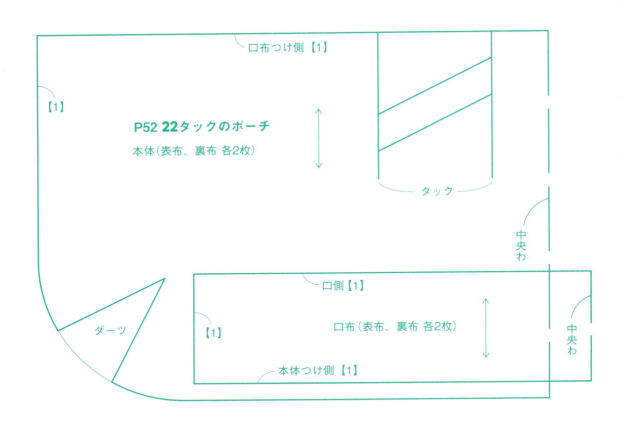
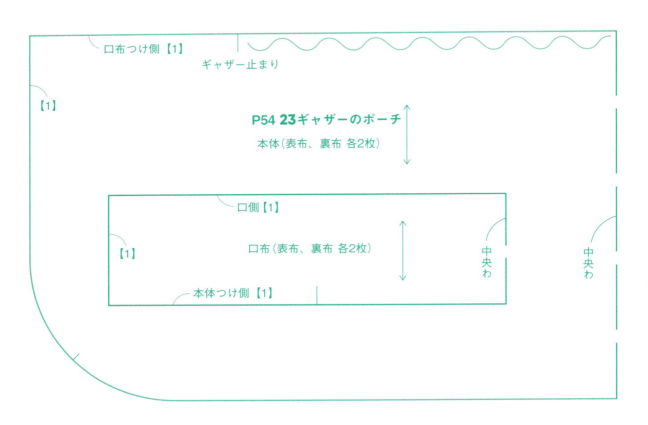

P38＆41 16楕円の別まちポーチ

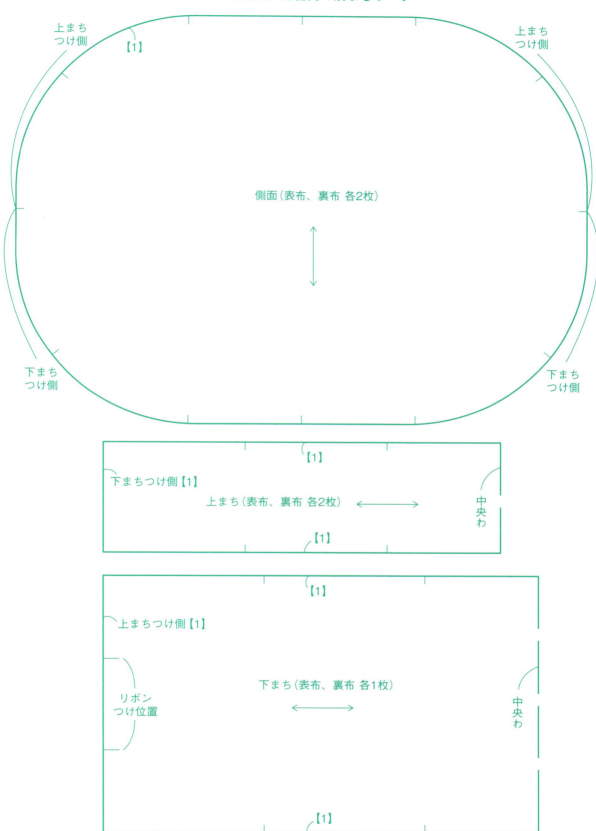

P44 19 楕円のバニティポーチ

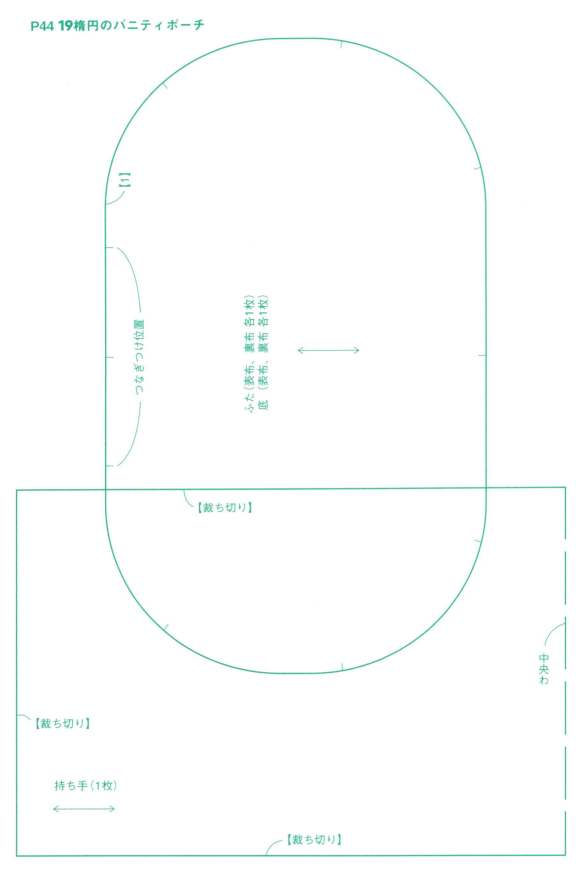

P44 19 楕円のバニティポーチ

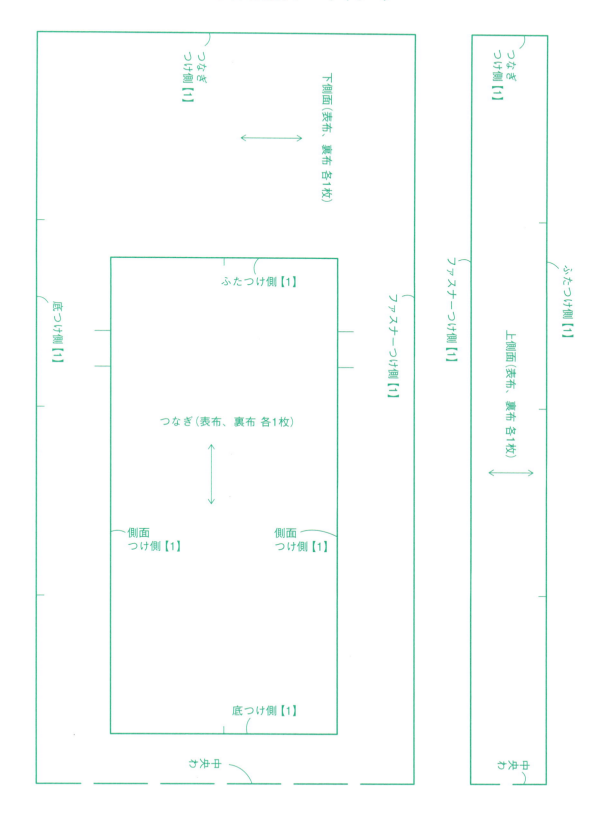

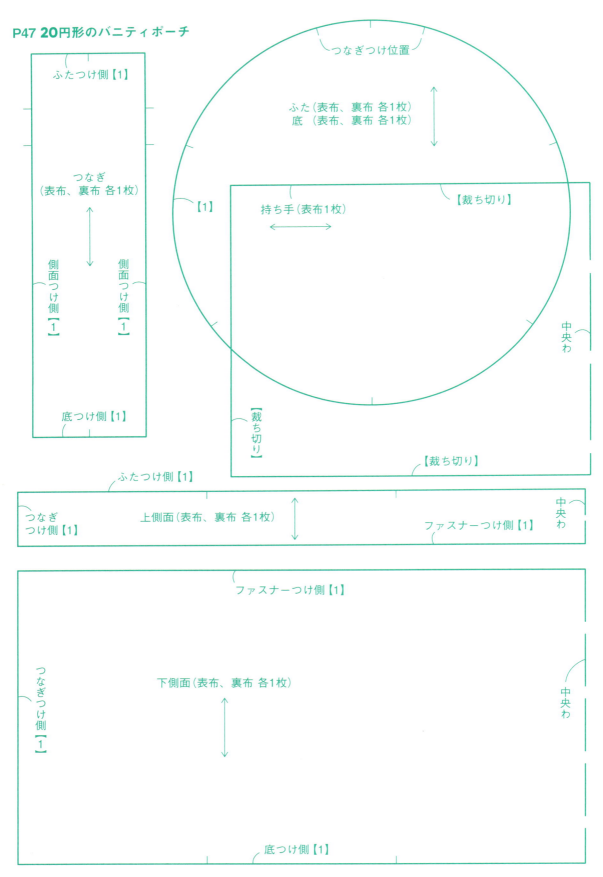

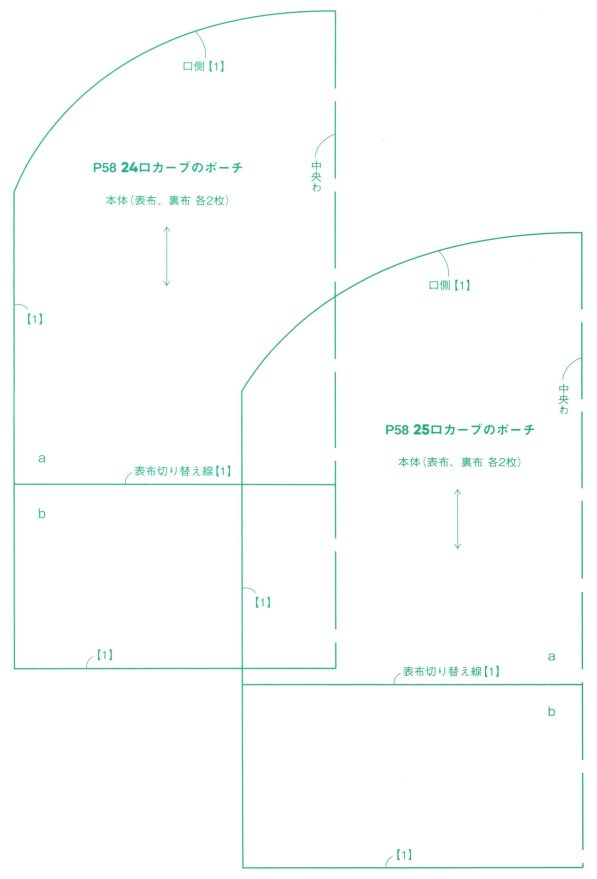

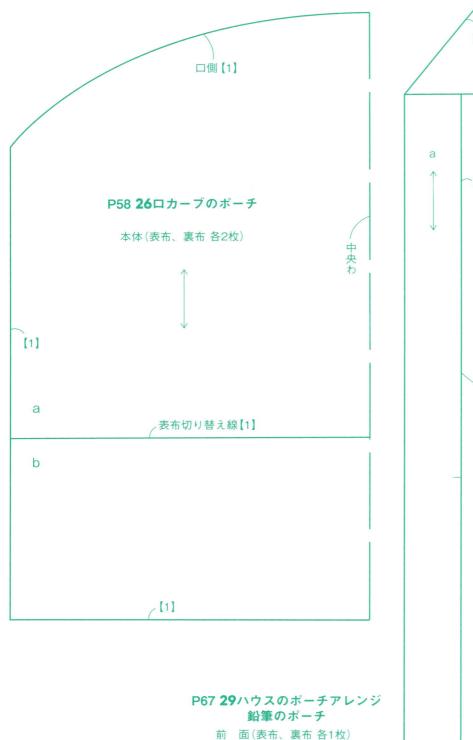
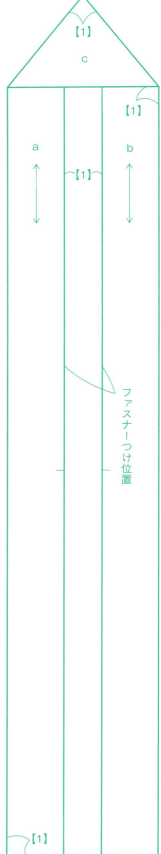

P58 26 口カーブのポーチ

本体(表布、裏布 各2枚)

口側【1】
中央わ
表布切り替え線【1】
a
b
【1】

P67 29 ハウスのポーチアレンジ 鉛筆のポーチ

前　面(表布、裏布 各1枚)
後ろ面(表布、裏布 各1枚)

ファスナーつけ位置

前面はP66の表布abと同様にファスナーを挟み縫う。
それを表布c、裏布cで中表に挟んで縫う。
後ろ面は一枚布でも、好みではぎ合わせを入れてもOK。
全体のまとめ方はP66参照。

P61 **27**ダブルファスナーポーチ
P63 **28**トリプルファスナーポーチ　※本体とポケットの型紙は共通

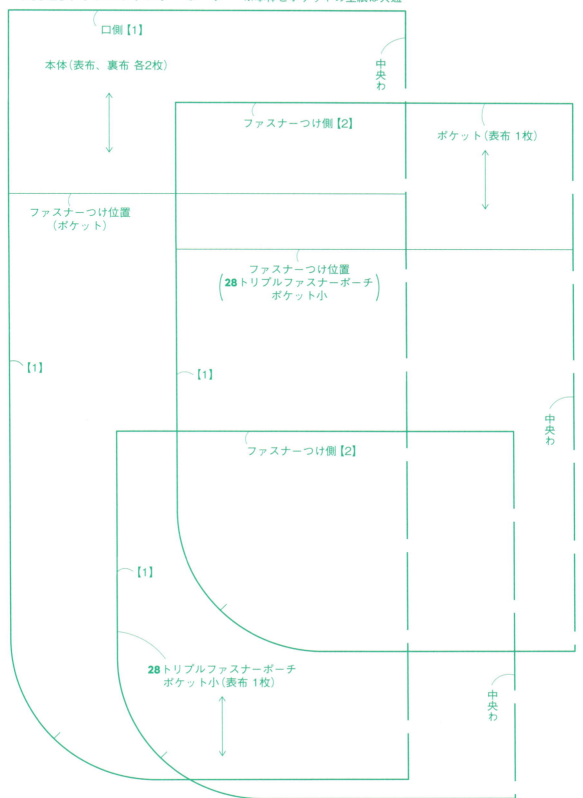

P66 29・30・31・32ハウスのポーチ

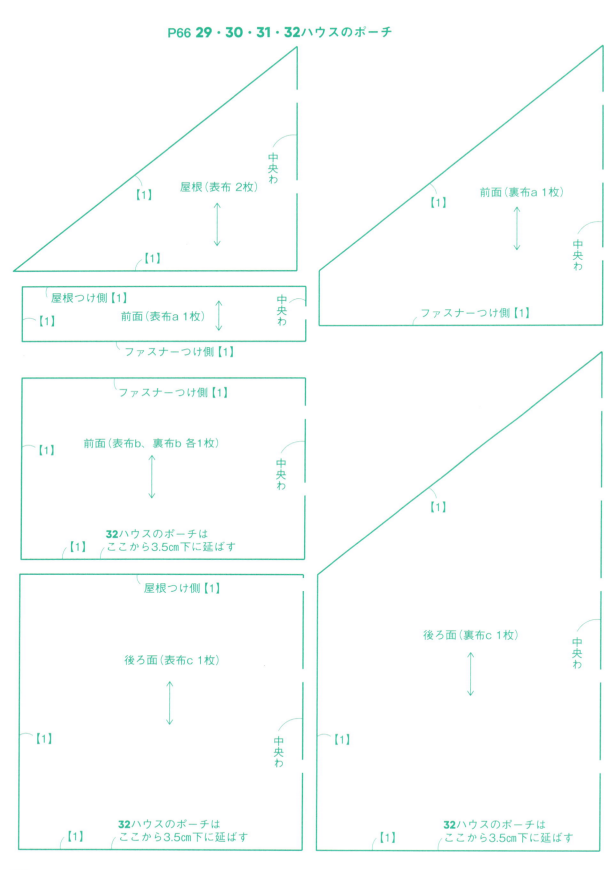

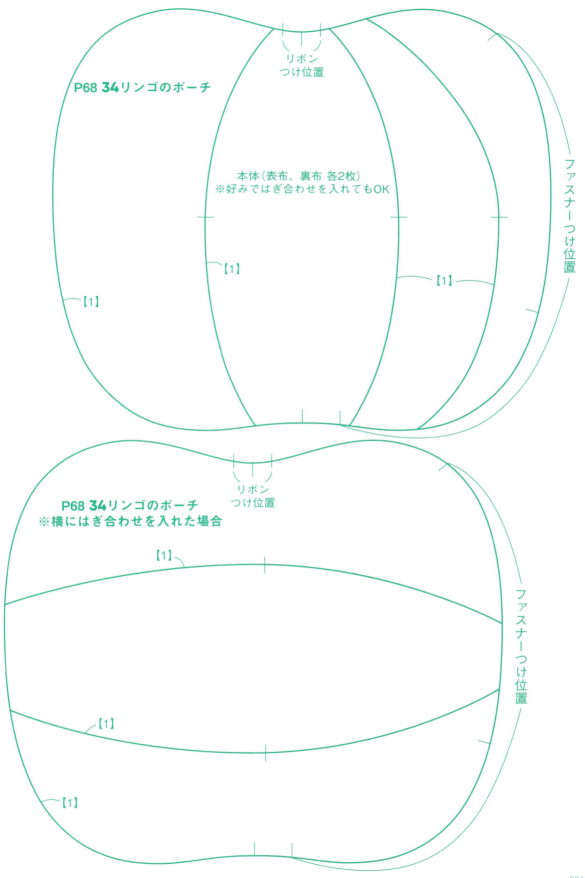

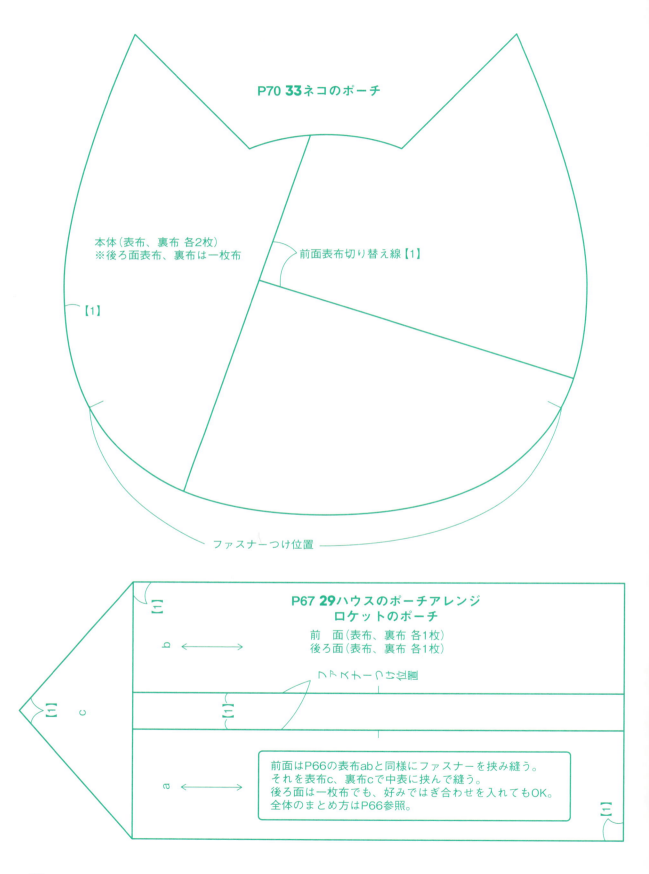

実物大図案

☆刺しゅうは全て25番刺しゅう糸3本どり
☆S＝ステッチ

P73 33ネコのポーチアレンジ
居眠りネコのポーチ

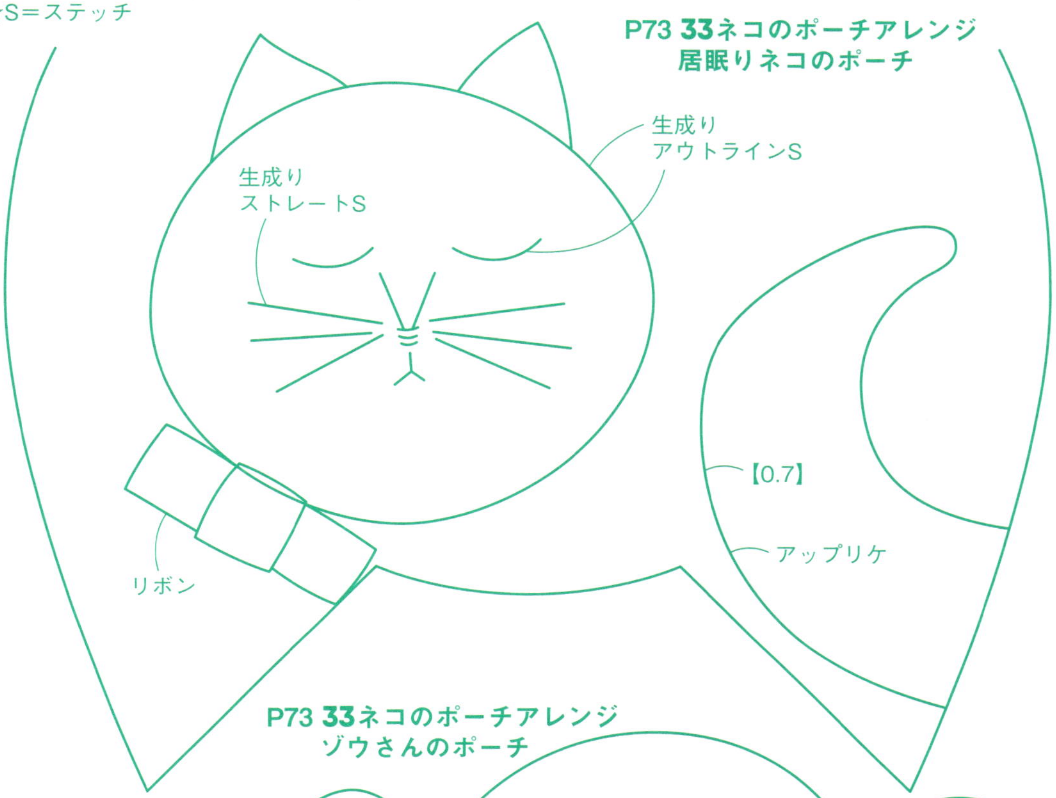

生成り
アウトラインS

生成り
ストレートS

リボン

【0.7】

アップリケ

P73 33ネコのポーチアレンジ
ゾウさんのポーチ

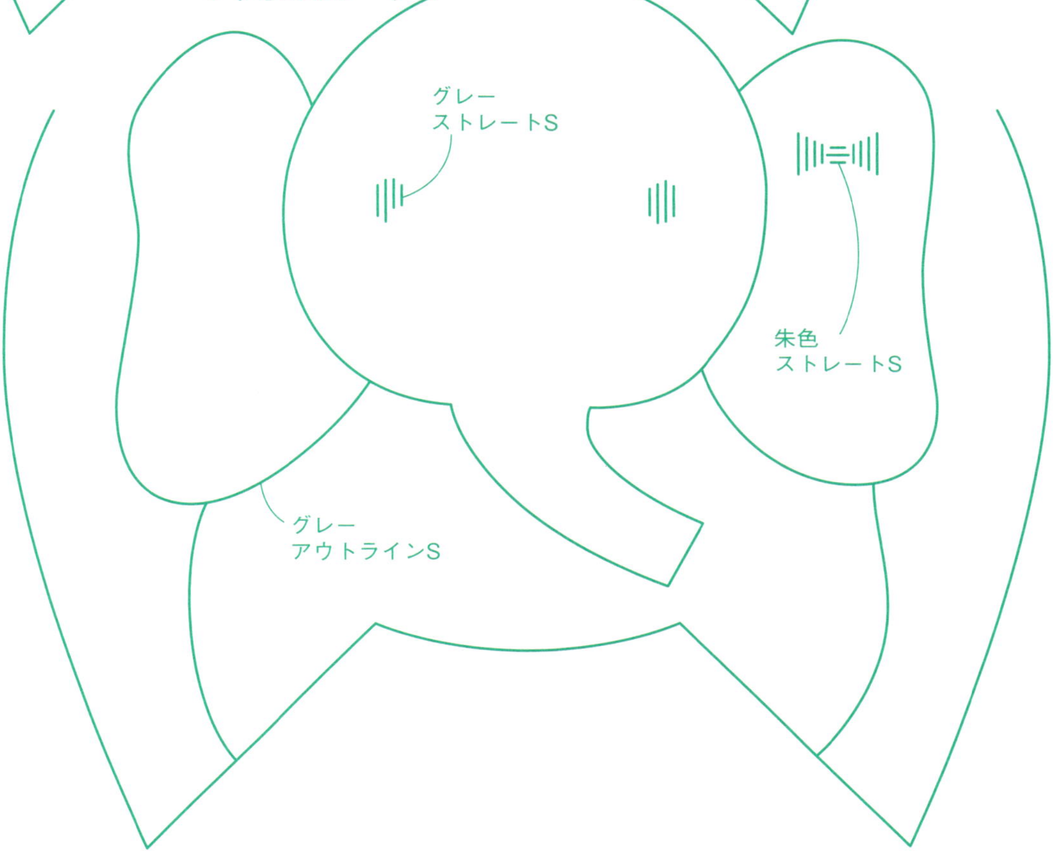

グレー
ストレートS

朱色
ストレートS

グレー
アウトラインS

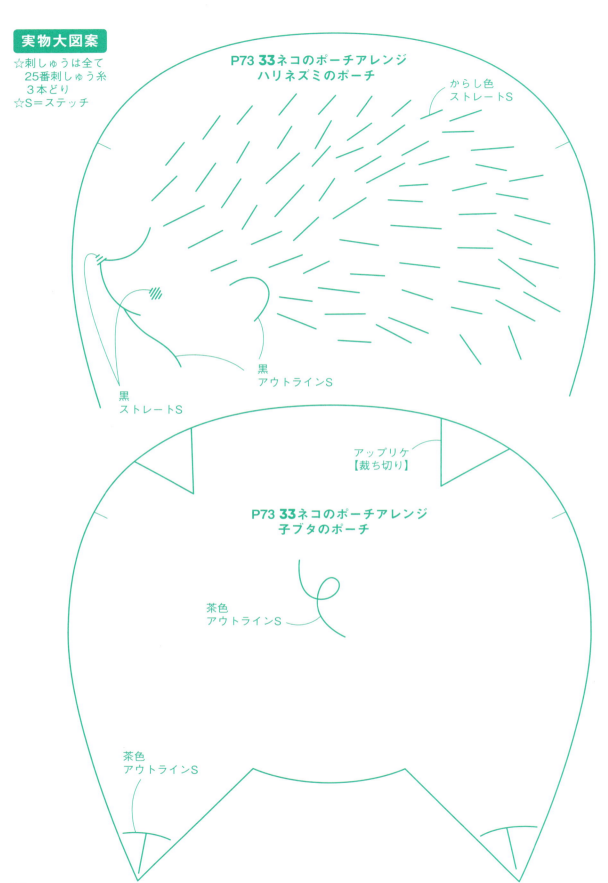

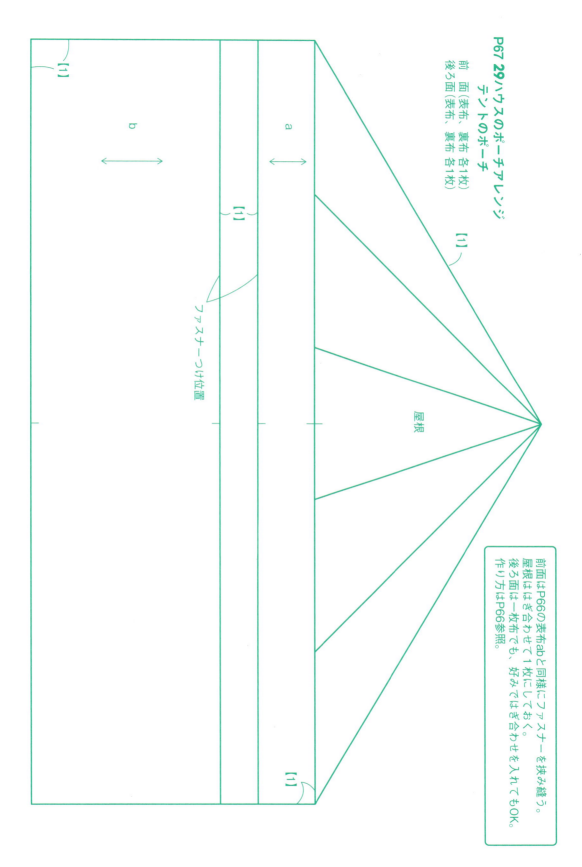

鈴木ふくえ　Fukue Suzuki
子供の頃から呉服屋を営むお母さんの手作り服で過ごし、幼少期から手作りに触れていた。
高校から服飾関係の学校で学び、杉野女子大学短期大学部被服科卒。
10年間のアパレル会社勤務を経て20年前に独立し、「リトルマーベル」を主宰。
現在はイベント出店や手作り作品の雑誌掲載も多数。
インスタグラム　@calinecoton

Staff

ブックデザイン──入江あづさ（inlet design）
撮影──岡 利恵子（本社写真編集室）
スタイリング──石川美和
実物大型紙──坂川由美香
校閲──滄流社
編集担当──北川恵子

《撮影協力》
AWABEES
UTUWA

ファスナーポーチ作りの達人になる！

監　修　鈴木ふくえ
編集人　石田由美
発行人　倉次辰男
発行所　株式会社主婦と生活社
　　　　〒104-8357　東京都中央区京橋3-5-7
　　　　https://www.shufu.co.jp/
　　　　編集部 ☎03-3563-5361　FAX 03-3563-0528
　　　　販売部 ☎03-3563-5121
　　　　生産部 ☎03-3563-5125
製版所　東京カラーフォト・プロセス株式会社
印刷所　凸版印刷株式会社
製本所　株式会社若林製本工場

ISBN978-4-391-15392-7

十分に気をつけながら造本していますが、万一、乱丁・落丁の場合は、お買い求めになった書店か小社生産部へご連絡ください。お取り替えいたします。
Ⓡ本書を無断で複写複製（電子化を含む）することは、著作権法上の例外を除き、禁じられています。
本書をコピーされる場合は、事前に日本複製権センター（JRRC）の許諾を受けてください。
また、本書を代行業者等の第三者に依頼してスキャンやデジタル化をすることは、たとえ個人や家庭内の利用であっても一切認められておりません。
JRRC（https://jrrc.or.jp　eメール：jrrc_info@jrrc.or.jp　☎03-6809-1281）

©主婦と生活社　2019　Printed in Japan